가정 생활
나라면 어떻게 할까?

가정생활
나라면 어떻게 할까?

초등인성수업2

박형빈 지음

한건

행복한 가정생활을 위한 26편의 도덕 여행

가정家庭이란 사전적 의미로 부부를 중심으로 그 부모나 자녀를 포함한 집단 그리고 이들이 살아가는 물리적 공간인 집을 망라한 생활 공동체를 포괄적으로 일컫는 말입니다. 보통 혈연으로 이루어진 집단을 가리키며, 인간이 태어나 경험하는 최초의 사회 환경이기도 합니다.

또한 애정으로 맺어진 인간관계의 결합이므로 공동체 구성원 간에 정서적 지지가 이루어지는 곳이기도 합니다. 이로 인해 자녀는 정체성을 형성할 때 가정으로부터 지대한 영향을 받습니다.

아이들은 부모의 도덕적 기준을 상당 부분 자신의 것으로 수용하고 내면화하여 가치관을 형성합니다. 그래서 가족 구성원의 특성이나 가정을 둘러싼 물리적, 사회적 환경은 자녀의 인격 형성, 도덕성 발달에 막대한 영향을 줍니다. 자녀들은 가족과의 관계 형성을 통해 사회의 가치 및 규범을 이해하고 체득하며 준법 정신도 기르게 됩니다.

이처럼 가정은 한 인간의 정서적 지지와 마음의 안식처로서 그 역할이 큽니다. 하지만 이 때문에 가정 내에서 적절하고 친밀한 관계 및 유대를 경험하지 못한 아동 및 청소년은 좌절과 갈등을 겪기도 합니다. 이는 학교생활이나 사회생활의 일상 문제나 갈등 상황에서 문제를 정확히 인지하고 올바르게 해결하지 못하도록 하는 원인으로 작용하기도 합니다.

미국의 심리학자 마슬로우Maslow는 인간의 기본적인 욕구로 소속의 욕구, 사랑의 욕구를 상정했습니다. 가정생활에서 이 욕구가 충족되지 못하면 아동이나 청소년은 심각한 심리적 병리를 겪을 수도 있습니다. 따라서 양육자는 우리 아이들이 가정생활에서 부모와의 사이, 형제자매와의 사이에서 올바른 인간관계를 형성하고 정서적 지지와 안정감을 경험할 수 있도록 돕고, 또 그러한 환경을 유념하여 제공해야 합니다.

이 책에서는 가상의 이야기 속 주인공들이 가정의 일상에서 겪는 갈등과 고민의 순간을 묘사합니다. 여러분은 책을 읽는 동안 이들과 함께 반성적으로 사고하고, 느끼고, 경험하게 될 것입니다. 등장인물들의 의사소통 방식, 이들의 정서 상태, 처한 상황의 맥락을 파악하는 데 주안점을 두고 곱씹으며 읽길 바랍니다.

또한 가족 간에 지켜야 할 최소한의 예의범절도 다루고 있기에 구체적인 생활지침을 얻을 수 있을 것입니다. 예를 들어 나가고 들어올 때 부모님께 인사하기, 자신의 현 상황에 대해 알리기 등이 왜 중요하고 왜 필요한지 스스로 생각해 보고 바른 생활 습관을 형성하도록 하였습니다.

이 책은 도덕적 상상을 바탕으로 현명한 결정을 함으로써 도덕성을 향상시킬 수 있도록 구성하였습니다. 여러분은 본 이야기를 읽거나 들음으로써 도덕적 상상력, 문학적 상상력, 서사적 상상력, 창의적 사고, 리터러시, 추론 능력, 바람직한 의사 결정 및 의사소통 역량, 공감 능력 등을 높이게 될 것입니다. 특히 여러분 자신을 둘러싼 가족 관계, 진로에 대해 숙고하고 성찰하게 하였습니다.

눈으로 읽고 소리 내어 읽기도 하며 각 에피소드가 담고 있는 풍성한 생각거리를 보물찾기 하듯 찾아내길 바랍니다. 이러한 과정에서 여러분은 더욱 지혜롭고 현명하며 용기 있는 인격체로 성장하게 될 것입니다.

부모님과 선생님은 이 책을 통해 그동안 아이들, 학생들과 미처 나누지 못했던, 그러나 소중하고 꼭 필요한 논의 주제들을 활용하는 기회로 삼길 바랍니다. 아이들은 부모님, 선생님과 더 많은 이야기를 나누고 건설적인 논쟁을 진행하며 보다 성숙한 사람이 될 것입니다.

이 책은 크게 세 부분으로 구성되었습니다. 도덕적 딜레마 상황이 흥미진진한 스토리로 구성된 [에피소드], 생각 및 토론 거리를 던져 줄 [함께 생각해 봐요], 함께 이 책을 읽을 어른들에게 보내는 가이드 인 [함께 읽는 어른들에게]가 제시되어 있습니다.

- '에피소드'는 여러분이 가정에서 흔히 경험했거나 경험할 수 있는 삶의 현장을 글로 보여 줄 것입니다. 이야기를 통해 여러분의 삶에 대한 경험을 늘리고, 생각이 자라도록 할 것입니다.
- '함께 생각해 봐요'는 갈림길에 선 입장에서 스스로 사고하고 판단하여 올바르게 행동하도록 도울 것입니다. 여러분이 매일 마주하는 삶의 순간에 어떠한 기준을 가지고 결단해야 하는가를 끊임없이 고민하도록 할 것입니다. 이러한 성찰은 더욱 사려 깊고, 배려하며, 지혜롭고, 현명한 인격체로 성장하는 데 견인차 역할을 할 것입니다.
- '함께 읽는 어른들에게'는 이 책을 함께 읽는 어른들이 꼭 염두에 두었으면 하는 내용입니다. 각각의 이야기에 관해 학생 및 자녀와 함께 이야기 나눌 때 저자가 권고한 내용을 활용하길 바랍니다.

본 책에 구성된 사연과 질문들은 독자의 성장 정도에 따라서 접할 때마다 깊이가 다르게 느껴질 수 있습니다. 그 자체가 여러분의 도덕적 판단력과 도덕성을 키우는 과정이 될 겁니다. 이 책을 거듭 읽음으로써 여러분이 사고의 폭을 넓히고 마음의 그릇을 키워 가길 바랍니다. 더불어 행복한 가정생활을 경험하길 바랍니다.

끝으로 이 책의 편집과 출판에 노고를 아끼지 않은 한언출판사 분
들께 감사의 마음을 전합니다.

박형빈

차례

에피소드와 연계된 덕목 및 역량

덕목·역량	1	2	3	4	5	6	7	8	9	10	11	12	13	14	15	16	17	18	19	20	21	22	23	24	25	26
효			○		○		○								○	○				○	○					
지혜	○									○			○					○								
배려	○			○					○						○							○			○	○
관용									○						○							○		○		
정의																	○									
공정																○	○									
예절	○		○	○	○	○	○	○						○	○					○					○	○
평등									○									○	○					○		
친절									○							○								○		
사랑									○												○	○		○		
정직										○			○				○									
양심													○				○									
형평성													○				○			○				○		
주체성	○						○				○		○	○	○	○										
편향 극복						○			○		○		○													
상황 판단	○						○		○		○						○								○	
리터러시			○									○														
의사 결정										○			○	○										○		
의사 소통	○						○	○														○		○		
자기 조절	○	○					○		○															○		

덕목·역량 \ 에피소드	1	2	3	4	5	6	7	8	9	10	11	12	13	14	15	16	17	18	19	20	21	22	23	24	25	26
조망 수용	○	○								○	○													○	○	○
자기 주도		○							○			○	○													
비이기성									○			○										○				
도덕 판단				○				○				○					○								○	
용기·호연지기														○	○						○					
타인 존중·타인 고려	○		○	○	○		○												○							
연대·공동체 의식				○	○			○											○				○			
사회적 책임																			○	○			○			
도덕 민감성						○													○		○		○			○
공감의 확장						○						○		○			○	○			○					○
비판적 사고력						○					○			○			○			○						
도덕적 상상력						○		○					○				○				○		○		○	
도덕적 정체성			○									○		○				○								

함께 읽는 어른들께 드리는 책 활용 팁!

1. 아이들과 동그랗게 앉아 돌아가며 책을 읽는다.

2. 대화체로 쓰여 있으므로 아이들이 교육 연극처럼 참여하게 한다.

3. 아이들이 등장인물에 몰입하며 낭독하게 한다.

4. 각 에피소드에서 인물들의 성격, 특징, 인성, 기분 등에 대해 함께 분석하며 이야기를 나눈다.

5. 각 에피소드 인물들을 아이들 스스로 도덕적으로 평가하게 한다.

6. 아이들이 각각의 상황에서 어떤 결정을 내려야 하는지 돌아가며 이야기하게 한다.

7. 아이들 스스로 가장 도덕적이고 합리적으로 선택하게 한다.

8. 아이들 각자의 의견을 모두 모아 가장 도덕적이고 합리적인 결정을 내려 보게 한다.

9. 수렴된 의견에 관한 아이들의 견해와 이에 관한 지도 어른의 의견을 나누는 시간을 갖는다.

내가 다 알아서 한다고!

상대방 입장 생각하기

띠리릭! 띠리릭!

알람 소리에 영서가 간신히 눈을 떴을 땐 오전 8시 40분이 다 되어 가고 있었다. 오늘이 토요일이라 부모님도 평상시와 달리 일찍 깨우지 않은 것 같다. 하지만 늦었다고 생각하면서도 이상하게 이불 밖으로 나가는 일이 무척 어려웠다.

"영서야, 아직도 자니? 일어나서 밥 먹어."

"응. 일어났어."

"아직도 누워 있으면서 뭘 일어나?"

"아까부터 일어나 있었다니까!"

'잔소리는….'

영서는 짜증을 내다 마지못해 자리에서 일어났다. 엄마와 아빠는 부엌에서 간단한 아침 식사를 준비하고 있었다. 대충 세수한 영서가 자리에 앉았다.

"오늘 아침에 학원 수업 있지 않아?"

엄마의 질문에 영서는 짜증부터 내며 답했다.

"나 참, 내가 알아서 한다니깐. 9시 반까지만 가면 돼!"

"그런데 왜 이렇게 늦게 일어나."

"안 깨워줬잖아!"

아빠도 한마디 거들었다.

"피곤한 것 같아서 좀 자게 해 주려고 했어, 엄마 아빠는. 하지만 스스로 일어나는 법도 배워야 하지 않겠니?"

엄마와 아빠의 잔소리에 영서는 입맛도 없어지고 기분도 나빠졌다. 아침을 먹는 척하다 바로 수저를 놓은 영서가 방으로 들어갔다.

"왜 먹다 말고?"

"다 먹었어! 지금 학원 갈 거야."

식탁에는 영서가 남긴 밥과 수저가 그대로 놓여 있었다.

영서가 방에 들어간 사이 부모님이 대화하는 소리가 들렸다.

"쟤 왜 저래? 사춘긴가?"

"요즘 늦게 자고 늦게 일어나니까 입맛도 없고 신경질만 늘어난 거지 뭐."

사실 방에 들어온 영서는 나갈 준비를 하느라 바쁜 게 아니었다. 스마트폰을 만지작거리며 느릿느릿 행동하고 있었다. 그러자 바로 엄마의 목소리가 들렸다.

"너 학원 간다면서 아직도 미적거리고 있니?"

시간은 벌써 9시 10분이었다.

"9시 30분까지 간다더니, 9시 30분에 출발할 셈이야?"

"간다고, 가! 학원 가도 바로 수업 시작하는 것도 아닌데."

"맨날 늦으니까 하는 말이잖아. 맨날 뭉그적거리기만 하고!"

영서는 아무 말 없이 바로 집을 나섰다.

영서가 집에 돌아온 건 점심때였다. 엄마가 점심을 차려 줬지만, 영서는 그다지 배고프지 않았다. 휴식 시간에 친구들과 함께 군것질한 탓이었다. 엄마가 영서에게 물었다.

"뭐 먹고 싶은 거 있니?"

"난 라면 같은 거…."

"애도 참. 인스턴트 몸에 안 좋다고 먹지 말라고 했잖아."

엄마의 뻔한 대답을 들은 영서는 솔직하게 말한 것을 살짝 후회했다. 영 입맛이 없던 영서의 젓가락질은 한없이 늘어져 힘없어 보였다. 엄마는 그런 영서를 가만두고 보지 않았다.

"영서야. 채소도 골고루 먹어야지. 몸에 좋은 거야."

"으, 응."

"깨작거리지 좀 말고 팍팍 먹어. 이것도 먹고, 저것도 더 먹고. 어째 밥이 줄지를 않니? 밥알을 세라 세!"

"알았어."

"그렇게 깨작깨작 먹으면 힘들어서 공부 못 한다니까. 공부는 체력싸움이야, 체력!"

엄마의 끊임없는 잔소리에 영서의 목소리에도 서서히 신경질이 섞이기 시작했다.

식사 시간은 점점 훈화 시간이 되어 갔다. 영서는 딱히 아무 말도 하지 않았지만, 그다지 유쾌한 식사 시간은 아니었다. 밥을 절반 가까이 남기고 방으로 들어서는 영서의 뒤에서 엄마의 걱정 섞인 잔소리가 계속되고 있었다.

 함께 생각해 봐요

1. 부모님의 이야기를 듣는 영서의 기분은 어떠한가요? 왜 그렇다고
   생각하나요?

2. 영서를 바라보는 엄마의 기분은 어떨까요? 왜 그렇다고 생각하
   나요?

3. 영서와 같이 부모님의 말씀마다 짜증이 나거나 기분이 나빠진 경험
   이 있나요? 어떤 상황이었으며, 그때 기분은 어땠나요? 그러한 감정
   은 타당한 것이었다고 생각하나요? 왜 그렇게 생각하나요?

4. 영서의 에피소드를 읽은 후 어떤 정서가 생기나요? 왜 그러한 기분
   이 들었다고 생각하나요?

5. 영서의 태도 중 고쳐야 할 부분이 있나요? 있다면 어떤 부분이고 그
   렇게 생각하는 이유는 무엇인가요?

6. 영서와 부모님이 서로를 좀 더 이해하고 배려할 필요가 있다고 생
   각하나요? 어떠한 점에서 그런가요?

7. 만약 나라면 부모님께 어떻게 대꾸했을까요? 왜 그렇게 했을까요?

8. 만약 내가 부모님이라면 영서에게 어떻게 이야기하는 것이 좋다고
   생각하나요? 왜 그렇게 생각하나요?

함께 읽는 어른들에게

　대화는 서로의 생각과 감정을 전달하는 의사소통의 일종입니다. 그래서 나의 입장에서만 상황을 바라보면 부모와 자녀 사이에도 오해와 서운한 감정이 생길 수 있습니다. 부모는 아이의 입장에서, 자녀는 부모의 입장에서 다시 한번 상황을 되새겨 보는 기회를 만들길 바랍니다.

　나의 기분이 어떠한지, 내가 어떠한 생각이 드는지, 그리고 상대방이 어떻게 해 주기를 바라고 있는지 등과 같이 나의 기분, 감정, 상황, 생각 등을 솔직하게 전달하는 연습은 건전한 가족 관계뿐만 아니라 다른 사람과의 인간관계를 형성하는 데 기초가 됩니다. 흔히 이러한 대화 기술을 '나 전달법i-message' 또는 '나 진술 기법'이라 말합니다.

　'나'를 주어로 하여 상대방의 말이나 행동에 대한 나의 정서와 감정, 기분, 생각 등을 솔직하게 전하는 것은 서로에 대한 불필요한 오해를 방지하는 좋은 방법입니다. 가정에서부터 아이들이 이러한 연습을 해 볼 수 있도록, 그리고 내가 아닌 다른 사람의 입장에 서 보도록 부모님, 선생님께서 아이들을 도와 주시기 바랍니다.

내가 보면 얼마나 본다고!

스마트폰 중독

학원을 마치고 저녁에 돌아온 영서는 엄마가 차려 준 간식을 먹고 자기 방으로 들어갔다. 잠시 후 안방에서 TV 소리가 들리자 숙제를 하던 영서는 살짝 돌아 방문 너머를 보았다.

'엄마는 TV 보고 있나 보네.'

영서는 슬그머니 스마트폰을 꺼내 들었다. 스마트폰을 확인해 보니 미정이에게 깨톡이 와 있었다.

「너 포니제국 흥망사 어디까지 봤어?」

영서는 문 너머의 기척을 살짝 살피다가 TV 소리가 아직 들리는 것을 확인하고 답장했다.

「112화까지」

「그거 재미있지 않냐?」

「맞아 그래서 거의 일주일째 새벽까지 보다가 자잖아」

그때 엄마 기척이 들리는 듯해서 영서는 스마트폰을 살짝 옆으로 숨겼다. 잠시 후 아닌 것을 확인한 영서는 계속 대화를 이어 나갔다.

「야아~ 그러다가 세원이처럼 되는 거 아냐?ㅋㅋㅋ」

「사실 무섭기는 해…」

세원이는 매일 새벽이 돼서나 잠자리에 든다고 떠들던 친구였다. 그런 탓인지 학교에서는 내내 엎드려 자고 있었고, 앉아 있어도 멍한 표정으로 허공을 보다가 종종 자기 자신에게 신경질을 내며 혼잣말을 하곤 했다. 주변의 친구들도 보다못해 하나둘씩 나서서 세원이에게 제발 일찍 자라고 충고해 주곤 했다.

「오늘 병원에 갔는데 의사가 이대로면 시력에 문제가 생길 수 있으니 밤에는 꼭 자라고 했대」

「그래? 전에 안과 다닌다는 말을 듣긴 들었는데」

「사실 내가 봐도 겁나긴 하더라」

「뭐… 조심해야지」

미정이와 간단한 대화 이후 영서는 너튜브에서 포니제국 흥망사을 보기 시작했다.

'아까 어디까지 봤더라….'

이어폰을 낀 영서는 고개를 잔뜩 숙이고 스마트폰으로 만화를 연이어 보기 시작했다.

'하나만 더…. 하나만 더….' 그렇게 얼마나 지났을까? 영서는 문득 등 뒤가 서늘한 느낌이 들었다.

"영서야!!!"

급하게 스마트폰을 끈 영서는 다시 숙제하는 척을 했다.

"영서, 너 정신 못 차릴래!!"

영서는 조용히 고개를 숙인 채 연필을 긁적였다.

"너 요즘 맨날 잠도 안 자고 스마트폰 보고 있지? 그 시간에 공부 안 할 거면 그냥 자라니까?"

잠자코 듣기 힘든 잔소리지만, 일단 엄마에게 딴짓하던 걸 걸린 상태라 영서는 계속해서 조용히 책을 보고 있었다. 사실 책을 본다기보다는 샤프만 손가락으로 돌리고 있었지만 말이다.

"그렇게 공부하다가는 나중에 너 대학 가기도 힘들어! 알아, 몰라?"

서서히 영서는 엄마가 등 뒤에 붙어 있는 것이 신경질이 나기 시작했다. 이유는 모르겠지만….

"너 아침에도 늦게 일어나면서, 이제 학교 개학하면 어떻게 할 건데? 학교 가서 맨날 졸고 있는 거 아냐?"

듣고 있던 영서는 자신도 모르게 엄마에게 소리를 쳤다.

"알았어! 그만 좀 해! 그것 좀 봤다고…."

이 말에 엄마의 목소리가 더 커졌다.

"얘 좀 봐. 내가 말을 안 하니까 진짜 잘한 줄 알아? 너 학원에서도 계속 졸고 있다며? 혹시 학교 시험 볼 때도 조는 거 아냐?"

"아니라니까!!!"

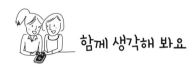
함께 생각해 봐요

1. 엄마가 스마트폰 사용을 지적하자 영서는 어떤 기분이 들었나요? 왜 그러한 기분이 들게 되었을까요?

2. 엄마는 스마트폰을 사용하는 영서를 왜 꾸짖었을까요? 엄마의 기분은 어떠한가요? 그것은 정당한 것인가요? 그렇다면 왜 그렇게 생각하나요?

3. 만약 내가 영서라면 이 상황에서 어떤 기분이 들까요? 왜 그런 감정이 생긴 것일까요? 그것은 올바른 것인가요?

4. 만약 내가 영서라면 이러한 상황에서 엄마에게 어떻게 대응할 것인가요? 왜 그렇게 생각했나요?

5. 스마트폰을 자주 사용하나요? 어떤 목적으로, 얼마나 자주 사용하나요? 혹은 무엇인가에 빠져서 다른 일을 제쳐 둔 적이 있나요? 있다면 그 이유는 무엇이고, 얼마나 생활에 지장을 받았나요?

6. 스마트폰 사용이나 5번에서 말한 자신이 빠져 있는 일로 인해 부모

님이나 형제자매와 말다툼을 한 적이 있나요? 언제, 어떤 상황이며 그때 기분은 어땠나요? 그 기분은 바람직한 것이었나요?

7. 만약 나중에 부모가 되고 영서와 같은 자녀가 있다면 영서의 행동에 대해 어떤 기분이 들까요? 그리고 영서에게 뭐라고 말해 주고 싶나요? 그 이유는 무엇인가요?

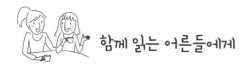

함께 읽는 어른들에게

건전한 생활 습관은 학교나 사회생활뿐만 아니라 가정생활에서도 중요합니다. 아이들이 가정에서 보내는 시간은 학교나 학원에서 보내는 시간보다 많기 때문에 가정에서의 올바른 습관 형성은 향후 학교와 사회에서 건강한 생활을 하는 데 바탕이 됩니다.

디지털원주민 세대, 다시 말해 Z세대인 아이들에게 스마트폰과 같은 디지털 기기 사용은 일상이 되었습니다. 때로 아이들은 온라인 게임을 포함해 스마트폰 사용에 몰입하는 모습을 보이기도 합니다. 이처럼 디지털 기기 사용이나 그 외의 무엇인가에 과도하게 몰입하는 부작용은 나이가 적을수록 많아질 수 있습니다. 그리고 이것은 아이들의 도덕성 발달에 악영향을 줄 수 있습니다.

예를 들어 과몰입으로 인해 생활 습관이나 신체 균형이 깨지면 성장기에 좋지 않은 영향을 줄 수 있습니다. 또한 신경질적으로 변하고, 부정적인 생각과 우울한 생각도 늘어날 수 있습니다. 이로 인해 아이들이 엉뚱한 생각에 빠져들고, 생활 에너지를 제대로 사용하지 못할 수도 있습니다.

결과적으로 이런 과몰입은 생활에 어려움을 겪게 합니다. 더구나 디지털 기기 중독이나 과다 사용은 가족과의 일상적인 대화를 줄임으로써 의사소통할 시간과 횟수를 줄인다는 점에서도 문제가 될 수 있습니다.

　나쁜 습관은 가족 간의 갈등이나 자아 형성에 있어 부정적인 영향을 미칩니다. 따라서 부모님과 선생님께서는 스마트 기기의 사용이나 기타 과몰입과 관련하여 아이들이 아직은 스스로 제어 능력이 미숙함을 인지해야 합니다. 적절하게 사용 시간을 조절하기를 바랍니다.

아프면 인사 못 할 수도 있지
가족 관계 형성의 첫걸음

엄마의 잔소리에 아침 일찍 일어나긴 했지만, 밤늦게 잠들었던 영서는 여전히 졸린 눈을 어찌할 줄 몰랐다. 친구들이랑 떠들 때는 괜찮다가도 이상하게 수업만 시작하면 눈꺼풀이 천근만근이었다. 오늘은 특히 날이 풀렸다가 다시 추워지기 시작하자 감기 기운도 점점 더 심해지고 있었다.

"영서야 너 안색이 안 좋아."

"으… 응. 그래?"

학원 친구의 말에 영서는 자기의 뺨에 손을 가져다 대보았다.

'열이 나는 것 같은데?'

영서는 아무래도 오늘은 쉬는 게 낫겠다고 생각했다. 어차피 집중도 안 되는데 몸까지 아프면 더 힘들 것 같았기 때문이었다.

"아무래도 난 일찍 가야 할 것 같아."

"그래 맞아. 일찍 가서 좀 쉬어."

주변 친구들이 걱정스러운 목소리와 얼굴로 답해 주었다. 짐을 다 싸고 집에 가려는 순간 다른 친구가 영서에게 물어보았다.

"그런데 영서야, 음⋯. 그냥 가면 되나 모르겠네. 누구한테라도 말해야 할 것 같기도 하고."

"선생님이 찾으면 너희가 좀 말해줘."

"알았어. 잘 쉬어."

친구들의 배웅과 함께 영서는 강의실을 나섰다. 학원 데스크 선생님들은 자리를 비운 채 복사물을 정리하거나 전화 상담에 열중인 모습이었다. 영서는 그대로 학원을 나서서 집으로 향했다.

영서가 집에 도착했을 때 집안은 고요했다.

"엄마?"

엄마는 아마도 장을 보러 갔거나 다른 볼일을 보러 나간 듯했다. 영서는 손을 씻고 자기 방으로 들어갔다. 몸도 아픈 데다가 아침에 들었던 엄마의 잔소리를 지금 또 들을 필요는 없을 것 같았다. 차라리 엄마가 없어서 다행이라고 생각했다.

집에 돌아온 영서에게 엄마가 할 말은 뻔했다. 왜 벌써 왔냐는 말부터 시작해 그러니까 일찍 자야 한다는 말까지 들으면서 또다시 신경을 돋우고 싶지는 않았다.

영서는 옷을 갈아입고 자리에 누웠다. 얼마 지나지 않아 엄마가 집에 돌아온 듯한 소리가 들려왔지만, 영서는 편히 있고 싶어서 조용히 잠을 재촉했다. 영서는 엄마의 잔소리를 생각하는 것만으로도 짜증이 나는 것 같았다.

시간이 얼마나 지났을까? 영서는 잠결에 엄마와 아빠가 다투는 소리를 들었다.

"학원에 전화해 봤어?"

"전화해 봤는데, 학원은 아까 끝나서 다른 애들은 집에 다 돌아갔다고 하더라고."

"애 전화는?"

"전화했는데 안 받아."

"도대체 애는 전화도 안 받으면서 뭐하고 돌아다니는 거야, 이 한밤중에."

이미 밤중인지 창문 밖이 깜깜했다. 부모님은 신발장에 있는 영서의 신발을 보지 못한 듯했다. 가만히 듣고 있던 영서는 아무래도 일이 더 커지기 전에 말해야 할 것 같다고 생각하며 슬그머니 자리에서 일어나 살짝 방문을 열었다.

"저기… 나 여기… 있는…데."

영서의 부모님이 순간 영서 쪽을 바라보았다.

"영서얏!!!!!"

"너 정말 혼날래?! 어?!"

"들어왔으면 들어왔다고 해야 할 거 아냐!!!"

"학원에라도 말하고 나왔으면 물어보기라고 할 텐데 그것도 안 하고…. 전화기는 전화기대로 꺼져 있고."

엄마에 이어 아빠까지 좀처럼 들을 수 없는 화난 목소리였다. 영서는 잠시 엄마와 아빠의 화난 목소리 속에 그대로 파묻혀 버렸다. 그러기도 잠시, 슬슬 짜증이 몰려오기 시작했다.

"엄마. 신발장에 있는 내 신발은 못 봤어?!"

순간 엄마의 입술이 멈췄고, 아빠도 엄마 쪽을 바라봤다.

"엄마가 맨날 신발장만 쳐다보면서 너 왔는지 아닌지 보는 것도 아니잖아?"

그 순간 아빠가 엄마의 편을 들었다.

"영서야. 평상시 집에 돌아왔을 때 인사라도 잘하고 그랬으면 되는 거잖아. 엄마 아빠가 맨날 너만 쫓아다니면서 확인할 수도 없고."

"평소에 인사 안 해도 뭐라고 안 하더니 오늘은 왜 그래?"

"얘가 말을 함부로 하네. 인사 안 하고 다니는 게 뭐 잘한 거라고?! 말 안 했더니 진짜로 잘한 줄 알아!"

"아파서 그랬어. 나 오늘 하루 종일 아팠다고."

아빠의 화난 목소리에 영서가 잔뜩 움츠러들었다. 옆에서 듣고 있던 엄마가 아빠의 말을 이었다.

"그렇다고 말 한마디 없이 저녁도 안 먹고 그러면 돼? 너 엄마 속상하라고 일부러 그런 거지?"

"아니라니까! 아파서 그랬다고!"

아빠가 저녁부터 먹으라며 호통치지 않았다면 아마 끝없는 말다툼이 벌어졌을 늦은 저녁 시간이었다. 그렇게 밤은 다시 깊어 갔다.

함께 생각해 봐요

1. 부모님이 영서에게 화를 낸 이유는 무엇인가요?

2. 영서는 왜 부모님께 귀가한 것을 알리지 않았나요? 이것은 바람직한 행동이었나요? 왜 그렇게 생각하나요?

3. 영서와 유사한 경험을 한 적이 있나요? 지금 되돌아보면 어떤 기분이 드나요? 그런 행동은 어떤 점에서 문제가 된다고 생각하나요?

4. 집에서 나가고 들어올 때 부모님이나 어른 혹은 가족들에게 왜 인사해야 할까요? 만약 외출이나 귀가에 대해 부모님이나 어른에게 알리지 않는다면 어떤 일이 발생할 수 있을까요?

5. 내가 미래에 부모가 된다면 이와 관련하여 자녀에게 어떻게 교육하고자 하나요? 그렇게 하고자 하는 이유는 무엇인가요?

함께 읽는 어른들에게

『예기禮記』에 나오는 '출필고반필면出必告反必面'은 나갈 때 반드시 아뢰고 돌아오면 반드시 얼굴을 뵌다는 뜻입니다. 이것은 외출할 때와 귀가할 때 부모에 대한 자식으로서의 도리를 나타내지요.

현대의 아이들에게 예의범절의 의미는 많이 퇴색하였고, 때로는 대수롭지 않게 여겨지기도 합니다. 그러나 올바른 마음은 바른 생각뿐만 아니라 바른 몸가짐, 행동, 태도 등을 통해서 형성되기에 어린 시절부터 예의범절을 지키도록 교육하고 습관화하는 것이 중요합니다.

부모와 자녀 사이에 지켜야 할 것들 가운데 외출과 귀가 시 자신의 출입을 부모님께 고하는 것은 부모와의 소통의 기본이 된다는 점을 아이들에게 일깨워 주시기 바랍니다. 또한 가족 간의 인사는 겉으로는 형식적으로 보일지라도 가족 간의 분위기를 따뜻하게 하며 관계 형성의 첫걸음이 된다는 사실을 잊지 말아야 할 것입니다.

아빠는 가장이잖아
가족 간 유대감의 중요성

미정이네 집. 식사를 마친 어느 저녁 시간이었다.

"부인! 어찌 아녀자가 남자의 일에 상관하려 하시는가?"

"대감. 어찌 제가 감히 지아비 일에 간섭하려 들겠습니까만…."

"듣기 싫소! 어서 냉큼 물러나시오."

"하지만 대감…."

사극을 보던 미정이 엄마가 손에 들고 있던 포장지를 살피더니 갑자기 아빠에게 내밀었다.

"여보, 이거 먹어."

"그게 뭔데?"

"뭐긴 뭐야. 우리 집에서는 당신밖에 먹을 사람이 없어."

"상한 거야?"

"아니."

"그럼 유통기간 지난 건가 보네."

아빠는 대수롭지 않게 그 과자를 받아먹었다. 당연하다는 듯한 아빠의 모습을 보며 미정이는 킥킥 웃기 시작했다. TV에서는 사극이 아직도 한창이었다.

"아버지, 제겐 마음에 둔 낭자가 따로 있습니다."

"혼인은 인륜지대사이거늘 부모의 말을 거역하는 것도 부족해서 어디 근본도 모르는…."

"아버지, 어찌하여 소자의 말을 끝까지 들어 보…."

"시끄럽다!!! 썩 물러나 집안에서 정한 혼례를 치를 준비나 하도록 해라!"

TV에서 호통치는 소리에 미정이는 깜짝 놀라 과자를 놓쳤다. 떨어진 과자가 바지에서 튕겨 나가 데구루루 굴러 엄마 앞에서 멈췄다. 미정이가 그 과자를 먹으려 손으로 집는 순간 엄마의 날카로운 목소리가 들렸다.

"미정이 너 바닥에 떨어진 걸 왜 먹니? 아빠나 줘!"

"뭐 어때서?"

"미정이 넌 좋은 것만 먹으라니까. 자, 여보 이거 먹어."

아빠는 입으로 바람을 훅 불어 툭툭 털더니 아무렇지도 않은 표정으로 덥석 그 과자를 먹었다. 그 모습을 보며 미정이가 말했다.

"아빠 불쌍한 것 같아."

"불쌍하긴 뭐가 불쌍해. 네 아빠는 가장이잖아. 그러니까 당연한 거야."

언제나 같은 엄마의 답변을 들으며 미정이가 다시 말을 이었다.

"가끔 보면 둘이 왜 결혼했나 싶어."

"왜 결혼하긴. 이럴 줄 몰랐지."

뻔한 엄마의 대답과 아빠의 무관심한 모습에 미정은 다시금 깔깔거렸다.

"그나저나 날이 아직 추운데 얘는 잘 있나 몰라?"

엄마가 뉴스에서 날씨 소식을 듣더니 군대 간 미정이 오빠가 생각난 듯했다. 별다른 말이 없던 아빠가 위로하듯 말을 꺼냈다.

"무소식이 희소식이라잖아. 이제 훈련도 끝나가고 자대 배치할 테니, 그때쯤 전화해 보고 면회 가자고."

오빠 얘기를 할 때의 미정이 부모님은 그나마 부부다운 모습을 보여 주는 듯했다. 미정이도 살짝 오빠가 걱정되는 기분이 든다. 창밖에서 봄을 시샘하듯 눈발이 다시 날리기 시작했다.

함께 생각해 봐요

1. 가정에서 아버지의 역할과 어머니의 역할은 무엇이라고 생각하나 요? 그렇게 생각하는 까닭은요? 가정에서 전형적인 아버지의 역할 과 어머니의 역할이 따로 있을까요? 만약 그렇다면, 혹은 그렇지 않 다면 그렇게 생각하는 이유는 무엇인가요?

2. 미정이 엄마와 아빠의 대화를 들으며 미정이는 어떤 기분이 들었을 까요? 왜 그렇게 생각하나요?

3. 내가 미래에 가정을 꾸리게 된다면 배우자와 어떤 가족 관계를 형 성하고자 하나요? 그렇게 생각하는 이유는 무엇인가요?

4. 과거에 비해 달라진 부부 및 가족 관계의 차이는 무엇인가요? 이러 한 변화는 바람직하다고 할 수 있나요? 그렇게 생각하는 이유는 무 엇인가요?

5. 가족의 유대감은 사회적 유대감과 어떤 점에서 같고 어떤 점에서 다른가요? 왜 그렇게 생각하나요?

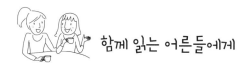

함께 읽는 어른들에게

가족은 깊은 유대감으로 이루어진 집단입니다. 특히 부부는 함께 자녀를 양육하고 가정을 꾸려 가는 가족 공동체의 일원입니다. 과거에는 가부장적인 이념이 가족에 대한 관념으로 자리했습니다. 그러나 현대는 가족의 여러 유형과 위상이 존재합니다. 본 에피소드처럼 아주 개방적인 가정도 존재하고, 그렇지 않은 가정도 존재하지요.

가족을 유지하는 데 있어 가장 중요한 것은 가족 간의 '유대'입니다. 그리고 가족 간에 유대감을 형성하기 위해 필요한 건 신뢰, 사랑, 배려, 존중, 때로는 헌신과 보살핌 등입니다. 기본적으로 가족은 부부 간, 부모와 자식 간, 형제자매 간의 친밀감으로 유지됩니다. 혈연적 특성을 가진 가족의 유대성은 사회적 유대성과는 구분되는 면이 있습니다.

따라서 부모님과 선생님은 아이들이 생각하는 전형적인 가족의 관념이나 진정한 가족의 모습이 어떤 것인지 이야기 나누어 볼 필요가 있습니다. 그리고 아이들이 생각하는 가족의 관념에 맞지 않는 모습을 볼 때 어떻게 생각하는지 질문해 보시기 바랍니다. 만약 가족이 특정한 위상이나 틀을 의미하는 게 아니라면, 과연 가족이란 무엇으로 형성되고 유지되는지 아이들과 함께 토론해 보시기 바랍니다.

그렇게 부러우면 그 집 가서 살아!
성숙한 부부의 모습

예진이는 방에서 숙제를 하다 부모님이 거실에서 다투는 소리를 들었다. 새삼스러운 일은 아니었지만, 종종 부모님의 싸움이 격렬해지면 심장이 쿵쾅거렸다.

"당신 신발 좀 정리하라고 했지?"

"옷 갈아입고 하려고 했어."

아빠가 퇴근하고 돌아오자 엄마가 편잔을 주듯 말했다. 아빠를 따라 들어간 엄마가 방바닥을 보더니 다시 한마디를 했다.

"그리고 양말 아무 데나 벗어 두지 말라고 했잖아!"

슬슬 아빠의 말투도 신경질적으로 변하기 시작했다.

"아니, 정말 왜 그래? 신발장 정리하라고 해서 옷 갈아입다 말고 가려고 하니까 양말 가지고 뭐라고 하고."

"뭘 잘했다고 나한테 신경질이야? 그리고 그렇게 말한 게 한두 번이야?"

예진이 엄마가 바로 받아쳤다.

부모님의 싸움이 계속되고 있었다.

"누가 먼저 시작했는데? 왜 집에만 오면 항상 시비야? 왜 그래? 일하고 와서 피곤하지만 그래도 티 안 내고 좋게 좋게 하려고 하는데."

"당신만 피곤해? 나는 하루 종일 집에서 노는 줄 알아?"

"누가 안 피곤하대? 내 말은 왜 집에만 오면 잔소리냐는 거잖아."

누가 더 잘했네 못했네…. 싸움은 이제 질릴 만도 하지만 계속되고 있었다. 예진이는 점점 더 숙제에 집중하기 힘들어졌다.

"맨날 핑계만 대면서 나한테 뭘 해 줬다고 그래?"

"뭐라고?!!"

아빠가 버럭 소리를 지르자 듣고 있던 예진이도 덩달아 깜짝 놀라고 말았다. 예진이의 심장이 두근거리며 간이 콩알만 해지는 느낌이 들었다.

"어디서 소리를 지르고 그래?"

"그럼 내가 화 안 내게 생겼어?!"

"당신이 맨날 그러니까 애도 맨날 기가 죽어서 소심해지고 그러는 거잖아!"

아빠도 지지 않고 다시 반박했다.

"그게 내 탓이야? 애가 소심한 건 당신이 나나 애한테 맨날 잔소리만 늘어놓으니까 그런 거지! 엄마라는 사람이 과보호만 하느라 하나부터 열까지 다 대신해 주니까 애가 배우지도 못하고 성장한 거잖아!"

드디어 부모님 간의 다툼에 예진이 문제까지 들먹이게 되었다. 예진이는 숙제에서 손을 놓고 살짝 떨리는 마음으로 부모님의 이야기를 듣고 있었다.

아무래도 자기에게 불똥이 튈 것 같다는 생각이 들면서 마음이 조마조마해지기 시작한 것이다.

"어이구! 이럴 땐 꼭 내 탓만 하더라. 그러면 당신이 애를 키웠으면 됐잖아. 왜 나한테 시비야! 애한테 밥도 잘 챙겨 주지 못하면서."

엄마는 분했는지 씩씩거리며 다시 반발했다.

"누구네 남편은 부인한테 그렇게 잘해 준다는데! 사모님 소리에 무슨 부인 소리 듣게 해 주면서 뻐기며 다니게 해 주는데 당신은 뭐 해 줬는데?"

"그렇게 남의 남편이 부러우면 그 집에 가서 살면 되잖아?"

"애 때문에 그렇지! 나도 당장 나가고 싶어!"

이쯤 되자 예진이는 숙제고 뭐고 안중에도 없어졌다. 그저 시끄러웠고 아무 생각도 하고 싶지 않아 이어폰을 끼고 음악을 듣기 시작했다.

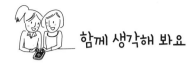

함께 생각해 봐요

　여러분의 부모님들도 많은 경우 부부로서, 그리고 부모로서 경험이 없어 미숙한 경우가 많습니다. 또한 사람은 항상 실수할 수 있다는 점에서 부모님도 마찬가지입니다. 이러한 점을 생각하면서 함께 고민해 봅시다.

1. 부모님 사이에서 다툼이 발생했을 때 예진이는 어떤 기분이 들었을까요? 왜 그러한 기분이 들었다고 생각하나요?

2. 부모님이 다투는 상황을 경험한 적이 있나요? 그때 어떤 기분이 들었나요?

3. 부모님이 말다툼하게 되면 내가 어떻게 해야 상황을 호전시킬 수 있을까요? 그렇게 생각하는 이유는 무엇인가요?

4. 남편과 아내의 건강한 사이는 어때야 한다고 생각하나요? 그렇게 생각하는 이유는 무엇인가요?

5. 부모님이 어떤 모습을 보일 때 기분이 좋은가요? 또는 어떤 모습에

불안하고 기분이 좋지 않게 되나요? 내 기분에 대해 부모님께 이야기해 본 적이 있나요?

6. 내가 장차 부모가 되었다고 가정할 때 어떤 부부상을 자녀들에게 보여 주고 싶은가요? 왜 그러한가요?

부부 사이도 사회에서의 사람 간의 사이와 마찬가지입니다. 상냥하게 대하기도 하지만 때로는 서로 언쟁과 불편한 감정을 드러내기도 합니다. 그러나 부부 사이의 다툼이 잦을 경우, 자녀들은 불안하고 언짢은 기분을 가질 수 있습니다.

선생님과 부모님은 이번 에피소드를 아이와 함께 극적으로 연극하듯 읽어 보길 권합니다. 부모도 사람으로서 때로는 감정이 상하고 상대방에게 상처를 주는 경우가 있음을 경험하게 하는 것이 중요합니다. 이러한 간접 경험을 통해 아이들이 직접 그 입장에 서 보도록 함으로써 부모의 입장을 이해하게 할 수 있습니다.

아이들과 솔직한 감정과 정서를 나누면서 아이들이 부모에게 원하는 부부간의 모습이란 무엇인지도 확인하고, 부부간에 갈등을 겪을 때 아이들이 할 수 있는 역할에 관해서도 이야기 나눠 보기를 바랍니다.

어디 가는지 일일이 말해야 돼?

가족 간 기초 예절

"어! 어서 와, 영서야~"

미정이가 영서를 반갑게 맞이했다. 미정이네 집에 놀러온 영서의 손에는 과자가 들려 있었다. 영서는 과자 봉지를 살짝 흔들며 밝게 웃었다.

"보면서 먹으려고~"

"나야 고맙지~"

미정이도 웃으며 영서를 바라보았다.

얼마 전까지는 미정이네 집이나 영서네 집에서 주로 보드게임을 하며 놀았지만, 요즘에는 영화나 드라마를 보거나 게임을 하며 노는 일이 잦아졌다. 이번에는 근래 유명해진 넷브릭스의 '고등어 게임'을 보러 온 참이다.

"엄마한테는 뭐라고 말하고 왔어?"

"뭘 말해. 아마 너희 집에 온 걸 아실 거야."

"그래도 말씀드리는 게 낫지 않았을까?"

미정이가 살짝 걱정스럽게 물었지만, 영서는 자신감 있는 말투로 말했다.

"놀러 가겠다고 하면 엄마가 반대할 게 뻔하잖아. 거기다가 집에서 안 보이면 전화하실 테니까."

"뭐, 그럼 괜찮겠지. 아 맞다! 그런데 저번에 어디까지 봤지?"

"뭐더라⋯. 달고나 뽑기 하던 건 봤고⋯. 그래. 줄다리기하다가 끝났었어."

"그래? 나도 못 보고 있었으니까 이따 엄마 나가거든 보자."

미정이 집에선 넷브릭스를 볼 수 있었다. TV를 못 보게 하는 영서네와는 달리 단속하는 분위기도 아니었다. TV도 아주 큰 데다가 종종 게임도 할 수 있어 영서에게 천국과 같았다. 미정이 엄마도 가끔 얼굴을 내보이긴 했지만, 딱히 눈치를 주는 분위기는 아니었다.

다만 고등어 게임은 연령 제한 때문에 미정이도 엄마 몰래 보는 드라마였다. 일단 두 사람은 미정이 엄마가 나가기를 기다리면서 게임을 하며 시간을 보냈다.

"영서 왔니?"

"네, 안녕하셨어요?"

"그래. 그런데 엄마한테는 말하고 왔지?"

"네…."

말끝이 흐려지긴 했지만 일단 그렇다고 영서는 말했다.

"그래, 그럼 잘 놀다 가렴. 아줌마는 일이 좀 있어서…."

"네, 감사합니다."

미정이 엄마가 나가자 두 사람은 키득거리며 재빨리 고등어 게임을 틀었다.

줄다리기 시합에서 간신히 살아남은 주인공 팀이 다음 게임을 하러 장소를 이동하고 있었다. 둘씩 짝을 지어 마을처럼 꾸며진 곳으로 들어가는 장면이 나왔다. 영서와 미정이는 저게 무슨 게임일지 이야기하며 각자 추측해 보고 있었다.

드라마에서 둘씩 짝을 짓는 장면이 나오는 중에 영서의 전화기가 울리기 시작했다. 영서 엄마가 건 것이었다. 영서는 마지못해 전화를 받았다.

"영서야. 너 어디 있어?"

"응. 어… 미정이네 집."

"거기서 뭐하는데?"

"어⋯. 그냥 뭐⋯ 놀고 있어⋯."

"아니, 넌 정신이 있는 거니 없는 거니? 어디 가면 간다고 말을 하고 다녀야 할 거 아냐?"

"그걸 일일이 말해야 해? 나가 봐야 내가 갈 곳은 뻔한데?"

"그걸 말이라고 하니? 엄마가 걱정하는 건 모르고?"

"아니, 뭐가 걱정되냐고! 갈 데도 뻔하고, 내가 사고 치고 다니는 것도 아닌데?"

"아무튼 빨리 집으로 와! 저녁 먹고 할 거 해야지!"

"조금만 더 있다 갈게."

"그냥 바로 와. 맨날 미정이네 집에서 신세 지지 말고."

엄마가 완고하게 돌아오라고 밀어붙이자 영서도 조급증이 났다. 조금만 더 보고 가면 될 듯한데, 그렇다고 엄마에게 뭘 보고 있는지 말할 수도 없었다. 통화 내용을 듣던 미정이도 영서의 눈치를 보고 있었다.

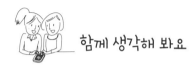 함께 생각해 봐요

여러분은 친구 집에 가거나 다른 곳에 놀러 갈 때 어디에 가는지, 누구와 가는지, 왜 가는지, 그곳에서 어떤 일들을 할 것인지, 언제 돌아올 것인지, 비상시 연락처는 어떻게 되는지 등에 대해 부모님께 충분히 설명하고 가나요?

만약 여러분이 자신의 행선지나 만나는 친구들에 대해 부모님께 상세히 설명하거나 연락하지 않는다면 어떠한 문제가 발생할 수 있을까요?

1. 미정이 집에서 엄마의 전화를 받은 영서의 반응은 어땠나요? 이러한 영서의 말과 행동은 바람직할까요? 왜 그렇게 생각하나요?

2. 영서에게 전화를 걸 당시 영서 엄마의 감정과 정서는 어떨까요? 또는 어떤 생각이 들까요? 왜 그렇다고 생각하나요?

3. 연령 제한은 왜 있는 것일까요? 연령 제한 콘텐츠를 시청한 영서와 미정이에게 문제는 없나요? 있다면 혹은 없다면 왜 그럴까요? 우리의 연령대와 우리보다 더 어린 친구들로 관점을 나누고 연령 제한 콘텐츠를 시청했을 경우를 가정하여 토론해 봅시다.

4. 미정이네 집에 방문할 때 영서가 부모님께 미리 연락해야 하는 것
   은 가족 간에 지켜야 할 최소한의 도리일까요? 왜 그렇게 생각하나
   요? 그리고 왜 지켜야 하나요? 부모님의 관점과 나의 관점으로 나누
   어 토론해 봅시다.

5. 내가 만약 영서와 같이 행동하는 자녀를 둔 부모라면 자녀에게 어
   떻게 말하고 싶은가요? 그리고 자녀에게 어떤 것을 기대하고 있을
   까요? 그 이유는 무엇인가요?

함께 읽는 어른들에게

　아이들은 기본적인 예의범절을 지켜야 한다는 것이 무엇인지, 왜 지켜야 하는지 잘 알지 못하는 경우가 많습니다. 그러나 인간이 다른 사람과 더불어 살아가기 위해 최소한 지켜야 하는 예절은 단지 그것이 기초적인 예절이라는 차원을 넘어 아이들 자신을 지키고 다른 사람과 건강한 인간관계를 형성하는 데 매우 중요하고 필요한 부분입니다.

　상대방에 대한 존중과 건강한 인간관계의 형성 및 유지에서 기초 예절은 중요한 역할을 합니다. 따라서 선생님과 부모님은 본 에피소드를 활용하여 가족 간에도 기본적인 예절을 지켜야 한다는 것을 아이들과 이야기 나누기 바랍니다. 또한 단순히 형식적인 차원뿐만이 아니라 그 안에 담긴 의미와 의의에 대해서도 생각해 보도록 이끌어 주시기 바랍니다.

애들은 다 따라 한다니까?

미디어 리터러시

엄마의 호통을 이기지 못한 영서는 걱정스러운 표정인 미정이의 얼굴을 뒤로 하고 마지못해 집으로 돌아왔다. 잔뜩 신경질이 난 얼굴로 들어섰지만, 화난 엄마 앞에서는 저절로 고개가 숙여졌다.

"어서 들어와서 저녁 먹어. 아빠도 기다리고 계셔."

"어이~ 딸. 아빠한테 인사 정도는 할 수 있지 않겠어?"

식탁에서 국과 수저를 옮기던 영서 아빠가 영서를 보더니 살짝 핀잔을 주며 웃었다. 영서는 신경질적이긴 했지만, 다소 풀이 죽은 목소리로 답했다.

"다녀왔습니다."

"손부터 씻고 옷 갈아입어. 저녁이나 어서 먹자."

"응."

모두 자리에 앉자 아빠가 TV를 켰다. 그러자 영서 엄마가 한마디 했다.

"애 앞에서 TV 틀지 말라니까. 애들한테 TV가 안 좋다고 하잖아."

"그래도 뉴스나 시사 상식 같은 거는 알아 둬야지. 무조건 못 보게 한다고 능사가 아니야."

마침 TV에서 요즘 유행하는 고등어 게임이 국내뿐만 아니라 해외에서도 유행하고 있다는 소식을 전하고 있었다.

"세계적으로 이렇게 고등어 게임이 유행하는 중이지만, 이에 대한 비판도 조금씩 흘러나오고 있다고 하죠?"

"네. 실제로 미국 일부 학교에서는 학교 내에서 고등어 게임을 따라 하는 것을 금지하고 있으며, 학부모들에게도 고등어 게임 시청이나 관련 복장, 상품 사는 것을 자제시켜 달라는 안내문을 보내기도 했다고 합니다. 연령 제한이 있다고 해도 자녀들의 시청을 일일이 다 막을 수 없다며 지역 주민들은 반대하고 있습니다. 이에 대해 지역 주민들의 반응도 들어 보시겠습니다."

"아무래도 심하다고 생각합니다. 그런 식으로 드라마가 아이들에게 영향을 미친다면 그동안 하고 있던 해적 같은 분장이나 상품들은 그야말로 범죄자들을 대상으로 한 거잖아요."

"저도 그렇고 다들 액션 영화 속에서 폭행이나 폭력적인 장면을 항상 봐 왔잖아요. 그런데 새삼스럽게 고등어 게임에서 그런 장면이 나온다고 이것만 특정해서 그런 조치를 하는 것은 이해할 수가 없어요."

TV에서 인터뷰 내용이 나오는 와중에 영서 엄마가 한마디 했다.

"맞아. 아까 뉴스 보니까 동네 애들이 고등어 게임하다가 벌칙으로 다른 애를 때렸대."

"그래?"

아빠의 짧은 답을 받아 엄마는 계속 말했다.

"애들이 저런 폭력적인 것을 보게 되면 당연히 다들 따라 하지."

"애들도 현실과 드라마는 구별해."

엄마의 말에 영서가 반대했다. 그러자 엄마가 맞받아쳤다.

"영서 너 저거 봤니?"

"아, 아니…. 하지만 아무리 아이들이라고 해도 현실에서 그걸 다 진짜로 따라 하지는 않는데…. 저건 그냥 드라마고 진짜가 아닌 것 정도는 알거든."

"애들이 과연 안 따라 할까? 그리고 폭력적인 장면을 보면 결국 거기에 물들게 되어 있어."

아빠는 슬쩍 영서 편을 들었다.

"그래도 애들은 다 알아서 볼 텐데 막는다고 될까? 그리고 애들이라고 해도 현실에서까지 그러지는 않을 것 같기도 하고."

엄마가 반색하며 아빠 쪽을 바라봤다.

"글쎄, 폭력에 무뎌지는 것 자체가 벌써 문제라고요. 자꾸 그런 거 보니까 폭력이나 그런 거에 무뎌지고 물드는 거잖아."

"그래도 다 막을 수도 없고…. 그렇지 않나?"

아빠의 목소리가 살짝 꼬리를 내리면서 이후 영서네 가족의 간단한 토론은 조금 더 이어졌다. 저녁 시간이 그렇게 지나갔다.

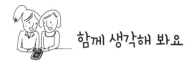

함께 생각해 봐요

여러분은 가족이 모두 모이는 식사를 자주 하는 편인가요? 이번 에피소드는 가족 식사 시간에 나눈 뉴스에 관한 이야기입니다.

1. 우리 가족은 식사 시간에 어떤 이야기를 주로 나누나요? 내가 특별히 가족과 이야기하고 싶은 주제는 무엇인가요? 또는 이야기 나누고 싶지 않은 주제는 무엇인가요? 그 이유는 무엇인가요?

2. 화난 엄마 앞에서 '저절로 고개가 숙여진 영서'의 기분 상태는 어떨까요? 왜 그렇다고 생각하나요?

3. 내가 영서라면 집에 돌아오자마자 엄마에게 무엇이라고 말하고 싶은가요? 그렇게 말하고 싶은 이유는 무엇인가요? 반대로 내가 엄마의 입장이라면 영서의 행동에 대해 어떤 기분이 들까요? 그렇게 생각하는 이유는 무엇인가요?

4. 아이들이 간접적으로라도 폭력을 자주 접하는 것은 건강한 인성 형성에 좋지 않은 영향을 주나요? 아이들이 때때로 현실과 비현실을 구분하지 못하기도 하나요? 그렇게 생각하는 이유는 무엇인가요?

그리고 내가 생각하는 아이들의 기준은 몇 살부터 몇 살인가요? 왜 그렇게 생각하나요?

5. 내가 미래에 부모가 된다면, 내 자녀가 어떤 유형의 콘텐츠를 소비하기를 원하나요? 그렇게 생각하는 이유는 무엇인가요?

6. 내가 부모가 되었을 때 자녀에게 콘텐츠 소비 교육은 어떻게 하고 싶은가요? 그 이유는 무엇인가요?

7. 현실과 가상의 콘텐츠가 다르다고 생각하더라도 무심코 게임, 드라마, 영화 등에서의 사고방식대로 말하고 행동할 때가 있습니다. 나 스스로 혹은 주변에서 이와 같은 경우가 있었나요? 이에 대해서 서로의 경험을 공유해 봅시다. 그리고 왜 그러한 일이 벌어졌는지 생각해 봅시다.

함께 읽는 어른들에게

이번 에피소드는 엄마의 화난 목소리에 일찍 들어온 영서가 집에 돌아오자마자 가족과 저녁 식사하는 장면부터 시작합니다. 가족이 함께 식사하는 것은 부모와 자식 간, 형제자매 간에 자연스럽게 마음을 열고 대화할 기회가 된다는 장점이 있습니다. 평소 이야기하지 못했던 사소하거나 개인적인 이야기도 식사를 하면서 마음의 부담 없이 나눌 수 있습니다.

이번 에피소드를 아이들과 읽으면서 부모님, 선생님은 아이들의 내면의 이야기, 친구 관계, 관심 갖는 주제, 기쁘고 속상했던 일, 최근 사회적 이슈에 대한 의견 등을 나누길 바랍니다. 가족이 함께하는 식사 시간의 소중함도 아이들이 인식하는 계기가 되도록 도와주십시오.

특정 주제에 대해 부모님, 선생님의 견해와 아이들의 생각은 크게 다를 수도 있음을 인지하기 바랍니다. 강요나 강압이 아닌 아이들의 생각과 느낌을 있는 그대로 먼저 경청하고 그 기분을 인정해 주는 것이 중요합니다.

더불어 그 주제에 대해 부모님이나 선생님이 생각하는 '바람직한 것'이란 무엇인가에 대해서도 반드시 허심탄회하게 이야기하기를 바랍니다. 솔직한 기분과 생각을 나누는 어른과 아이와의 대화는 아이들을 보다 지혜롭게 자라게 할 것입니다.

또한 부모님과 선생님은 이번 에피소드를 미디어 리터러시media literacy 교육 자료로 활용하기를 바랍니다. 아이들이 건전하게 미디어에 접근, 분석, 평가, 창조할 수 있도록 하는 역량을 길러 주는 자료로 사용할 수 있습니다.

아이들은 일상적으로 다양한 미디어를 마주합니다. 아이들이 미디어가 제공하는 콘텐츠의 배경과 맥락을 합리적으로 파악하여 비판적으로 이해하도록 돕기를 바랍니다.

왜 자꾸 힘들게 해!

가족의 소중함

새 학년이 얼마 안 남은 어느 날, 소미는 급한 전화를 받았다. 엄마가 큰 수술을 받고 있다는 소식이었다. 처음 전화를 받은 후 동생을 데리고 병원으로 갈 때도 소미는 아무런 실감이 나지 않았다. 하지만 병원이 가까워질수록 마음이 불안하고 혼란스러웠던 기억은 앞으로도 지워지지 않을 것 같았다.

소미는 목발을 쥔 손을 바르르 떨면서 어쩔 줄 몰라 했다. 칭얼대는 동생 때문에 화가 나면서도 또 한편으로는 달래야 한다는 생각에 더 그랬다. 병원으로 걸어가는 동안 겨울의 매서운 바람으로 인해 코가 시큰했지만, 등에는 진땀이 나고 있었다.

소미는 헐떡거리는 숨과 송골송골 맺힌 땀, 차가운 바람만으로도 정신이 없었다. 그러다 복잡한 병원 앞 인파 속에서 자꾸 신경 쓰이게 하는 동생에게 자기도 모르게 벌컥 화를 냈다.

"에잇!!! 너 좀 빨리 와!"

"힘들어. 같이 가. 히잉…."

"나도 힘들어! 왜 자꾸 힘들게 그래!"

소미는 화를 내면서도 동생이 불쌍해 보여 흘러내린 눈물과 콧물을 휴지로 닦아 주었다. 동생은 고개를 숙인 채 바르르 떨리는 손으로 소미의 팔목을 꼭 잡고 있었다.

1층 접수대에서 엄마의 이름을 대고 안내를 받은 소미는 동생을 데리고 2층 수술실 앞 대기실로 갔다. 수술실 벽에 있는 모니터에서 수술 상황을 보면서 소미와 동생은 초조한 마음으로 자리에 앉아 있었다. 얼마나 시간이 지났을까? 침통하면서도 상기된 표정의 아빠가 도착했다.

"소미야, 엄마는?"

"아직…."

대답과 함께 소미의 손가락 끝이 수술실 쪽 벽에 있는 모니터를 가리켰다. 그리고 얼마 동안 아무 말도 없었다. 다만 동생이 소미의 팔을 꼭 잡은 채 훌쩍이는 소리만 들릴 뿐이었다.

시간이 얼마나 지났을까?

"누나, 나 졸려."

"넌 지금 잠이 와?"

"왜 맨날 나한테만 화내…. 나 배도 고프단 말이야."

"그래서 아까 밥 제대로 먹으라고 했잖아!"

순간 소미가 크게 소리치는 바람에 수술실 앞 대기실에 있던 몇몇 사람들이 남매를 쳐다보았다. 아빠가 찡그린 얼굴로 주의를 시켰다. 소미는 화가 났지만, 주변 사람들을 의식하면서 동생의 등을 살짝 때렸다.

"아! 왜 때려!"

"쉿! 조용히 하란 말이야."

동생은 이제 발을 동동 구르며 더 사납게 굴었다. 소미의 목소리는 속삭이듯 작았지만, 화가 잔뜩 나 있었다. 아빠가 잔뜩 화난 얼굴로 자리에서 일어서려는 듯했다. 동생이 크게 혼날 분위기였다.

그때 누군가 다가와 아빠가 멈칫했다.

"이거라도 좀 주랴?"

한 할머니가 손에 들고 있던 사탕을 동생에게 쥐여 주려 하고 있었다. 소미의 동생은 주춤거리며 고개를 살짝 떨구고 있었다. 아빠가 할머니에게 말했다.

"아…. 죄송합니다. 애들이 소란을 피워서…."

"아니에요. 애들이 지금 불안해서 저러는 거죠. 그럴 때는 혼내지 말고 달래세요."

하지만 할머니는 딱히 탓하는 기색을 보이지 않았다. 오히려 소미 아빠와 남매를 위로하듯 말했다. 그러면서 그 할머니는 다시 소미 동생에게 손에 쥔 사탕을 살짝 흔들어 보였다.

"괜찮아. 나이가 들면 침이 말라서 갖고 다니는 사탕인데, 설탕이 없어서 이도 안 썩어."

"아니, 괜찮습니다."

"괜찮아요. 내가 좋아서 주는 거니까."

대신 사양하는 아빠의 눈치를 보던 동생이 사탕을 덥석 집었다. 그걸 본 할머니가 살짝 미소를 지었다.

"고맙습니다 하고 인사드려야지."

아빠가 말하자 그제야 동생은 작은 목소리로 말했다.

"고…고맙습…니다…."

할머니는 측은한 듯이 소미 남매를 바라보며 말했다.

"그래. 힘들겠지만 그래도 아빠랑 누나랑 가족들이 다 같이 있잖니. 다들 힘들 테니 아빠하고 누나 속상하게 하지 말고 잘 버티렴."

할머니는 아까 앉았던 자리로 천천히 돌아갔다. 그리고 모니터를 물끄러미 바라보았다. 가까스로 안정을 찾은 대기실에서 소미 남매와 아빠가 늦은 밤을 보내고 있었다.

함께 생각해 봐요

1. 여러분은 가정생활에서 어려움이나 위기를 경험한 적이 있나요? 그러한 상황에서 어떤 마음이 들었나요?

2. 큰 수술을 받아야 하는 경우는 어떤 경우들이 있을까요? 갑작스럽게 엄마의 큰 수술 소식을 들은 소미의 심정은 어떨까요? 왜 그렇다고 생각하나요?

3. 내가 소미라면 칭얼대는 동생에게 어떻게 말하고 싶은가요? 그렇게 하고자 하는 이유는 무엇인가요?

4. 만약 병원에서 내가 소미 곁에 있었다면 소미와 소미의 동생에게 어떤 말과 행동을 해 주고 싶은가요? 그렇게 하고 싶은 이유는 무엇인가요? 그러한 말을 들은 소미는 어떤 기분일까요? 왜 그렇다고 생각하나요?

5. 이 세상에서 가장 소중한 사람들을 꼽으라고 한다면 여러분은 누가 가장 먼저 떠오르나요? 그 이유는 무엇인가요?

6. 가족은 나에게 어떤 의미를 지닌 존재인가요? 만약 가족이 아프면 나는 어떤 기분이 들고 어떻게 대해 주고 싶을까요? 그 이유는 무엇일까요?

7. 소미의 동생을 다독인 할머니도 소미 가족처럼 가족의 어려움 속에 마음이 편치 않았을 겁니다. 그럼에도 불구하고 아이들을 달래기 위해 노력하는 모습을 보여 주고 있습니다. 할머니 본인도 어려운 상황에서 그렇게 한 이유는 무엇일까요? 여러분의 생각을 나눠 보세요.

8. 당황하거나 위기감이 들 때 다른 사람의 태도, 말, 행동이 위로가 된 적이 있나요? 진정한 위로란 무엇일까요? 왜 그렇게 생각하나요?

9. 문제 해결과 상관이 없을지라도 '위로'는 우리의 삶에 어떤 의미가 있고, 왜 필요한 것일까요? 이를 통해 8번의 진정한 위로를 다시 생각해 볼 수 있나요?

함께 읽는 어른들에게

부모님과 선생님은 이번 에피소드를 통해 아이들이 가족의 의미, 나보다 어린 아동이 당황하거나 심적 어려움에 있을 때의 행동과 위로의 방법, 친구의 입장에서 어떻게 위로할 것인가 등을 생각해 보도록 지도해 주시길 바랍니다.

아이들이 생각하는 가족의 소중함이란 무엇인지, 위로가 필요한 누군가에게 어떠한 말과 태도, 행동이 요구되는지에 관해서도 이야기 나누어 보시기 바랍니다.

본 에피소드를 통해 따뜻한 말 한마디의 힘과 함께, 무엇이 우리를 다시 일어서게 해 주는지 일깨울 기회가 될 것입니다.

내 아내 좀 잘 돌보아 주세요

현대의 결혼관

수술을 받은 엄마가 회복실로 옮겨진 건 새벽 즈음이었다. 대기실 모니터를 보던 소미는 회복실로 엄마의 이름이 옮겨진 것을 보고 가슴이 쿵쾅쿵쾅 뛰기 시작했다. 소미가 자기 허벅지를 베고 잠든 동생을 쳐다봤다. 깨워야 할지 고민하는데, 아빠가 손짓으로 그냥 두라고 신호했다.

시간이 조금 흐른 후 간호사가 대기실로 와서 소미 엄마의 이름을 부르며 보호자를 찾았다. 아빠는 소미에게 잠시 기다리라고 하며 자리에서 일어났다. 소미는 떨리는 마음을 억누르며 잠든 동생을 바라보고 있었다.

"다 내 잘못이야. 나 때문이야…. 나 때문이야…. 나 때문이야…."

이유는 알 수 없지만 모두 자기 때문이라는 생각이 물밀듯이 머릿속으로 밀려 들어왔다. 잠시 후 돌아온 아빠에게서 수술이 잘 되었다는 말을 듣고 안심이 되었지만, 아직 의식을 회복하지 않았다는 말에는 다시 마음이 무거워졌다. 중환자실에 엄마를 둔 채 소미 가족은 집으로 돌아왔다.

며칠 후 새 학기가 시작되었지만, 소미는 학교가 끝나기 무섭게 엄마의 중환자실로 향했다. 중환자실은 면회 시간이 정해져 있을 뿐만 아니라, 전화가 오면 필요한 물품을 사 가야 했기 때문이었다. 하지만 목발을 쓰는 소미가 면회 시간에 꼭 맞춰 가는 게 쉬운 일은 아니었다. 더구나 짐까지 들고 가야 할 때는 애를 먹곤 했다.

힘겹게 시간에 맞춰 중환자실 앞에서 기다리다 보면 문이 열렸다. 첫 번째 문을 지나서 손을 씻고 또 문을 지나가면 일렬로 놓인 침대들에 환자들이 누워 있었다.

엄마는 수술 후 아직 의식이 돌아오지 않고 있었다. 의사 선생님이 이런 경우 의식이 돌아오는 데 다소 시간이 걸릴 수 있다고 말했다. 그러면서 자주 이름을 부르고 말을 걸면 깨어나는 데 도움이 된다고 알려 주었다.

소미는 엄마의 손을 잡고 얼굴을 물끄러미 바라보면서 자기가 동생을 어떻게 보살피는지 조곤조곤 이야기했다. 그리고 할머니와 친척들도 걱정하고 있다고 이야기하곤 했다.

"엄마…. 나 왔어."

"……."

"이제 학년이 올라가서 반도 바뀌고 담임 선생님도 바뀌었어."

"……."

"그래도 엄마…. 수술은 잘됐대….”

"……."

중환자실도 자주 오다 보니 소미에게 점점 익숙한 공간이 되었다. 쭉 이어진 침대와 링거들 그리고 맥박이나 기타 무엇인가를 표시하는 의료용 기기들, 그리고 면회 시간마다 시간 맞춰 오는 환자의 가족들…. 어느덧 익숙해진 풍경이었다.

면회 오는 가족들은 대부분 어른이었다. 특히 면회 시간 때마다 보는 할아버지가 눈에 띄었다. 자기와 같은 목발은 아니지만, 지팡이를 쥐고 매번 숨을 헐떡이며 면회를 오는 할아버지였다.

"여보…. 이제 일어나 봐요…. 이제 일어나야지, 언제까지 이렇게 있으려고….”

"……."

"나는 놔두고…. 왜 이렇게 있어….”

침대에 누운 할머니 옆에 지팡이에 기대어 선 할아버지가 끊임없이 말을 걸고 있었다. 치아가 몇 개 빠진 할아버지는 숨도 가쁘고 발음도 새고 있었지만, 그래도 열심히 할머니에게 말을 걸었다.

짧은 면회 시간이 끝나 가자 소미도 나갈 준비를 했다. 할아버지는 이미 먼저 밖으로 향하고 있었다. 그러다 문득 간호사 언니들이 있는 책상으로 다가가는 게 보였다.

“무슨 일이시죠?”

“아…. 저기… 할머니… 보호자예요….”

“네. 무슨 일이세요?”

간호사의 질문에 할아버지는 다시 호흡을 가다듬으며 말했다.

“나는 오…인…남인데… 저기… 보호자… 전화번호 남기라고 해서….”

“네에…. 성함이?”

“오…인…남….”

“아아. 자녀분 연락이 잘 안 돼서 저희도 연락처가 필요해서요.”

“네…. 제… 번호는….”

간신히 전화번호를 다 불러 준 후, 할아버지는 잠시 서 있다 주머니에 손을 집어넣었다. 그리고 무언가 움켜쥔 것을 간호사 언니들이 있는 책상에 올려놓았다.

"이…이거 사탕인데… 우리 할머니… 보살피시느라… 고맙다고…."

"아… 네…. 감사합니다."

"우리… 할머니… 좀… 잘 봐줘요…."

"염려 마세요. 저희가 잘 보고 있어요."

"예…. 예…."

헐떡이는 숨과 새는 발음 속에서도 할아버지는 똑바로 말하려 노력하고 있었다. 할아버지의 지팡이를 쥔 손은 입술만큼이나 가볍게 떨리고 있었지만, 그래도 제대로 서려고 노력하는 모습이 엿보였다. 그러한 할아버지를 보며 간호사 언니들은 위로의 얼굴과 미소로 화답하고 있었다.

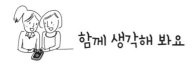

함께 생각해 봐요

1. 방과 후 엄마의 중환자실로 향하는 소미의 심정은 어떠할까요? 만약 내가 소미의 입장이라면 어떤 마음일지 자세히 설명해 봅시다.

2. 만약 내가 소미라면, 동생에 대해 어떤 마음을 갖게 될까요? 그 이유는 무엇인가요?

3. 환자 보호자로서 소미는 어떤 기분일까요? 만약 나라면 이러한 상황에서 어떤 생각과 기분을 갖게 될까요?

4. 거동이 불편한 오인남 할아버지가 자신의 아내인 할머니를 위해 면회를 오게끔 하는 힘은 무엇이라고 생각하나요?

5. 오인남 할아버지가 자신의 아내를 위해 노력하는 모습을 보며 어떤 느낌이나 생각이 들었나요?

6. 오인남 할아버지에게 있어서 부부란 어떤 의미를 지니는 것일까요? 소미 아빠의 소미 엄마에 대한 사랑은 소미와 동생의 엄마에 대한 사랑과 어떤 점에서 차이가 있을까요?

7. 부부는 서로 어떤 의미를 지니는 존재라고 생각하나요? 왜 그렇게 생각하나요?

8. 가족이 어려움을 겪을 때 부부로서, 부모로서 그리고 자녀로서 우리는 서로 어떤 심정을 지니며 어떻게 위로할 수 있을까요? 각각의 입장에서 생각해 보고 의견을 나눠 봅시다.

함께 읽는 어른들에게

가정은 한 사람에게 있어 평생 마음의 안식처와 성장의 토대가 됩니다. 가족은 서로 돕고 서로를 지탱해 주는 버팀목입니다.

선생님, 부모님은 아이들 각자의 삶에 가족이 주는 영향력, 귀중함이 무엇인지 이야기해 보도록 하시길 바랍니다. 또한 가족 구성원 상호 간에 지녀야 할 도리와 사랑에 대해서도 생각하도록 여러 질문을 제시하길 바랍니다.

현대의 결혼관은 예전과는 많이 달라져 있습니다. 아이들이 올바른 결혼관, 가족관을 지니도록 좋은 예시를 제공해 줄 필요가 있습니다. 예를 들어 부부유은夫婦有恩, 즉 부부가 은혜로움이 있어야 하는 것에 대한 예시를 들어 보라고 한다든가, 결혼하고 가정을 이룬다는 것, 어려움에 처했을 때 서로 돕는 실제 사례, 친지 간에 돕는 일에 대해 곰곰이 생각하게 할 수 있습니다.

본 에피소드에 묘사된, 자신의 몸을 돌보기조차 힘들 것 같은 할아버지가 부인인 할머니를 위해 어떻게 최선을 다하는지 이야기 나누어 보길 바랍니다. 그리고 그를 통해 부부는 어떤 관계라고 생각하는지도 함께 대화해 보세요.

이러한 대화를 통해 아이들이 건전한 가족관, 부부관을 형성하도록 도울 수 있습니다.

┌─ ⊕ 참고자료 ───

 '원이 엄마의 편지'를 아이와 함께 읽어 보길 권합니다. 아이들이 이해하는

본 편지의 내용도 함께 이야기 나누어 보기를 바랍니다.
└──

래퍼 되는 게 뭐 어때서!

진로에 대한 고민 1

한섭이는 오늘도 아빠와 옥신각신하고 있었다.

"너… 제정신이야?"

"래퍼 되는 게 뭐 어때서?"

"학생이면 공부를 해야지! 무슨 래퍼를 하겠다고 그래?"

"내가 좋아서 하는 건데 왜 그래?"

"취미생활도 아니고 아예 그 길로 가겠다니…."

얼마 전 한섭이는 부모님께 자신의 꿈인 래퍼가 되겠다고 말씀드렸다. 그러나 부모님 마음에는 들지 않았는지 한섭이를 볼 때마다 엉뚱한 생각하지 말고 공부나 하라며 한마디씩 하곤 했다.

"내가 좋아서 하겠다는데 왜! 도와주지도 않으면서!"

"이게 아빠한테 못하는 말이 없어! 그럼 자식이 공부 안 하겠다고 그러는데 가만히 보고 있을 부모가 세상에 어디 있어?!"

"아빠도 고리타분하긴. 요즘 세상이 아빠 때와 같은 줄 알아? 래퍼, 연예인, 너튜버로 성공하면 얼마나 잘 사는데?"

때마침 한섭이 엄마가 외출했다 돌아왔다. 엄마는 한섭이와 한섭이 아빠 두 사람을 보고 혀를 끌끌 차며 말했다.

"오늘은 또 뭐 때문에 싸우는 거야?"

"당신도 한마디 해! 공부는 안 하고 가수 한다는데 화도 안 나?!"

"가수가 아니라 래퍼라니까!"

"너는 조용히 해!"

한섭이 끼어들자 아빠는 더 화난 목소리를 냈다. 막 들어와 옷을 갈아입은 한섭이 엄마는 그 모습을 가만히 보고 있다가 한마디를 했다.

"애가 아직 어려서 그런 건데 뭘 그렇게 예민하게 반응해."

"예민하다니. 지금 한참 중요한 때인데. 엄마라면서 걱정도 안 돼? 공부도 안 하고 노래 재능도 없는 애가 가순가 한다는데…."

"래퍼라니까!"

"아니, 이게 아직도!!"

"여보, 좀 진정하고…."

엄마는 살짝 난감한 표정을 지었다.

"한섭이 너도 아빠 화났을 땐 눈치 좀 봐라."

"아니, 엄마. 아빠 말만 맞는 게 아니잖아."

"그리고 한섭이 너도 좀 더 알아보고 생각이란 걸 해야지? 밑도 끝도 없이 래퍼를 하겠다고 말만 하면 어떡해?"

"글쎄, 엄마 아빠는 잘 몰라서 그런다니까. 내가 생각해도 나 정말 잘한다니까. 다른 애들도 동의하고 있고. 어쨌든 일단 이름 알리고 뜨기만 하면 된다니깐."

"엄마 말이 뭐냐면, 운이 좋건 뭐가 되건 아직 어린 데다가 잘 알지도 못하잖아."

"내 말 좀 들어 달라니까!"

"너도 잠시 조용히 하고 아빠 하는 말도 좀 들어 봐! 진로라는 건 당장 눈앞에 보이는 것만 생각하는 게 아냐! 남은 평생을 어찌할지, 그런 계획들이 세워져 있냐고."

순간 한섭이가 멈칫했다가 낮은 톤으로 다시 말했다.

"성공하면 그 길로 쭉 나가면 돼."

"엄마나 아빠 말이 그거야. 너무 막연하잖아. 경험도 없고 그냥 이렇게 하면 저렇게 되겠지 정도인 거잖아."

"그건 엄마가 잘 몰라서 그래."

"글쎄. 네가 뭘 하고 싶다고 말하는 건지는 알겠는데 서두르지 않았으면 좋겠어."

"아이참!"

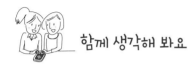 함께 생각해 봐요

여러분은 진로, 꿈, 희망 직업 등에 대해 누구와 가장 많이 이야기 나누나요? 많은 학생이 부모님과 대화하기보다 친구들과 말하는 것을 더 선호합니다. 내 생각을 편하고 솔직하게 나눌 수 있다고 생각하기 때문이겠지요.

그러나 우리보다 많은 세월을 살아온 어른들의 견해로부터 삶의 지혜를 얻을 수 있기도 합니다. 이런 점에서 장래 희망에 대해 친구뿐만 아니라 가족과도 충분한 시간을 갖고 이야기 나누는 것이 큰 도움이 될 수 있습니다.

1. 한섭이와 아빠는 왜 말다툼하고 있나요? 이 두 사람 각자가 지닌 생각, 감정은 무엇인가요? 왜 그렇다고 생각하나요?

2. '엉뚱한 생각하지 말고 공부나 하라'는 부모님의 말씀을 들은 한섭이는 어떤 기분이 들까요? 나도 이러한 경험이 있나요?

3. 만약 내가 한섭이라면 부모님께 어떻게 말하고 싶은가요? 그것은 올바른 것인가요? 왜 그런가요?

4. 만약 내가 한섭이 부모님이라면 한섭이에게 뭐라고 말하고 싶은가요? 그렇게 이야기하고 싶은 까닭은 무엇인가요?

5. 한섭이와 한섭이 부모님의 대화를 보며 어떤 기분이 들었나요? 그러한 기분이 든 이유는 무엇일까요?

6. 장래의 직업을 정하는 데 있어 부모님의 견해와 나 자신의 의견 가운데 무엇이 더 중요하다고 생각하나요? 왜 그렇게 생각하나요?

함께 읽는 어른들에게

아이들과 나누는 대화 주제 중 진로에 대한 것은 아이들의 인생을 좌우할 수 있기에 신중히 접근할 필요가 있습니다. 아이들은 때때로 미숙한 경험과 단순한 생각으로 진로를 선택할 수 있기에 자신이 잘할 수 있는 것과 좋아하는 것, 특히 자신의 적성에 맞는 것이 무엇인지 끊임없이 생각하도록 지도할 필요가 있습니다. 다시 말해, 준비가 충분치 않은 경우에는 그 진로에 진입한다 하더라도 혼란과 방황으로 이어질 수 있습니다.

이번 에피소드는 진로에 관한 대화와 함께 적합한 진로에 대해 생각해 보는 자료로 활용하길 권합니다. 또한 진로 문제에 있어 부모와 자녀 간의 대화가 쉽지 않은 이유도 아이들과 이야기 나누어 보시기 바랍니다.

아이들이 현재 자신이 좋아하는 것을 무조건 추종하기보다는 인생을 더 많이 살아온 부모님, 선생님과 함께 고민해 보게 하는 것이 중요합니다. 또한 아이들이 희망하는 진로의 바람직한 모범을 생각하게 하고 그에 걸맞은 사람이 되도록 노력하게 하는 것이 필요합니다.

에피소드 11

하고 싶은 게 분명한 거 부럽네
진로에 대한 고민 2

학원 수업 하나가 끝나고 영서와 미정이는 함께 집으로 돌아오고 있었다. 어두운 저녁 시간대였지만, 학원들이 모여 있는 거리는 아이들과 아이들을 데리러 온 부모들로 매우 붐볐다.

영서와 미정이는 부모님이 데리러 오지 않아서 집까지 걸어가야 했지만, 오히려 그 덕분에 운동 삼아 걸어가며 이런저런 이야기를 할 수 있었다.

"미정아. 그런데 너 진로는 뭐라고 쓸 거야?"

학년이 새로 시작하며 진로 목표에 대해 적어 내야 했다. 아직 영서는 딱히 정한 바가 없었다. 엄마에게 물어서 그대로 쓰면 될 것 같기는 했지만, 그래도 무엇인가 생각해 둬야 할 것 같았다.

"나? 난 원래 먹는 거 좋아하잖아."

"응. 그리고 만드는 것도 좋아하지."

"그래, 맞아."

먹는 이야기를 하자 미정이의 눈이 반짝였다.

미정이는 먹는 것을 꽤 좋아한다. 단순히 많이 먹는 것이 아니라, 다양한 먹거리를 먹고 그 맛이 어떤지, 어떻게 만들었을지 등을 자주 말하곤 했다. 그런 모습을 보며 영서가 물었다.

"너도 너튜브 먹방 같은 거 찍을 거야?"

"아니. 난 아무래도 먹는 거 좋아하고 감상하고 만들어 보는 것도 좋아하니까, GJ나 동운참치 같은 회사 연구소에서 일해 보고 싶어."

"GJ는 알겠는데 동운참치는 참치 회사잖아."

"아~ 그건 상품 중에 하나고…. 거기도 식품연구소가 있어."

"정말? 난 몰랐어. 참치만 파는 게 아니었구나."

영서는 고개를 살짝 끄덕거리고 질문을 계속했다.

"그런데 그런 거는 어떻게 안거야? 난 전혀 몰랐거든."

"아… 식품 회사들 찾아보고 있었거든. 라면 만드는 회사부터 해서 다른 여러 회사…."

"너는 그런 것도 찾아보고 있었구나."

"뭐… 그냥 궁금해서 찾아보던 거니까…."

영서가 대단하다는 얼굴로 미정이에게 말했다.

"부럽다. 야…."

"뭐가?"

"하고 싶은 것도 분명하고, 벌써 준비도 열심히 하잖아."

"그런데 엄마 아빠는 두고 보자고 그러셔."

"왜?"

"또 언제 바뀔지 모른다고…."

"그래?"

"응…. 아무래도 아빠나 엄마는 나보다 더 많이 살아서 그렇다나 뭐…."

"하긴 우리 엄마 아빠도 그런 소리 하더라. 가끔 세상 물정 모른다 면서…."

"부모님들은 다 마찬가지인가 보네."

어둑해진 저녁, 도로에는 아이들을 데려가려 정차한 차들과 퇴근 길 집으로 돌아가는 차들이 뒤섞여 있었다. 이따금 경적이 시끄럽게 들리기도 했다. 오늘도 영서와 미정이는 인파와 차량이 뒤엉킨 거리를 헤치며 집으로 돌아가고 있었다.

함께 생각해 봐요

1. 미정이는 어떤 진로 목표를 갖고 있나요? 미정이는 자신의 진로 목
   표에 대해 심사숙고하여 결정했다고 생각하나요? 왜 그렇게 생각하
   나요?

2. 미정이의 진로 방향에 대해 왜 미정이 부모님은 두고 보자고 하신
   걸까요? 부모님이 그렇게 말씀하신 까닭은 무엇일까요?

3. 자신의 진로 목표에 대해 이야기하며 미정이는 어떤 기분인가요?
   왜 그렇다고 생각하나요?

4. 내가 만약 영서라면 미정이의 진로 목표에 대해 어떤 조언을 해 주
   고 싶은가요? 그렇게 이야기하고 싶은 이유는 무엇인가요?

5. 나의 진로에 대해 고민해 본 적이 있나요?

   1) 좋아하는 일은 무엇인가요?

   2) 남들보다 잘하는 일은 무엇인가요?

3) 어떤 일을 할 때 가장 기분이 좋고 마음이 편한가요?

4) 장래 어떤 직업을 가지고 싶은가요? 그 직업은 여러분이 원해서 결정한 것인가요? 아니면 부모님이나 선생님이 제안한 것인가요?

5) 존경하는 직업인이 있나요? 누구이며, 어떤 직업을 가진 사람인가요? 그 사람을 존경하는 이유는 무엇인가요?

함께 읽는 어른들에게

　진로 선택은 한 번에 이루어지기보다 여러 차례에 걸쳐 일어나는 '발달' 과정입니다. 진로 선택에 영향을 미치는 요인으로는 개인의 가치관, 정서적 요인, 가정 환경, 부모의 가치관, 교육의 정도 등을 들 수 있습니다. 진로 교육은 부모님, 선생님에게도 중요한 부분입니다. 진로의 선택이 아이들의 평생에 영향을 주기 때문입니다.

　모든 인간은 행복한 삶을 추구합니다. 그런데 진로 교육에서 가장 유념해야 할 사항이 바로 이 '행복한 삶'이란 무엇인가에 대해 아이들과 깊이 대화할 필요가 있다는 점입니다.

　행복은 이분법적으로 볼 때 고차원적 행복과 저차원적 행복으로 나누어 생각해 볼 수 있습니다. 고차원적 행복과 관련해서는 테레사 수녀, 이태석 신부, 슈바이처 등과 같은 사람들을 떠올릴 수 있습니다. 진정한 삶의 의미를 찾고 행복한 삶을 산 사람들입니다. 반면 저차원적 행복의 극단적 예로는 약물에 의존하거나 특정 미디어 콘텐츠에 지나치게 몰입하는 일들을 들 수 있습니다.

　아이들은 아직 인생 경험이 부족합니다. 그러나 아이들 스스로 자신이 관심 있는 분야에 관해 조사하고 찾아보며 이것이 자기에게 적합한 진로인지 고민하는 노력도 필요합니다. 부모님과 선생님께서는 아이들이 자신의 진로에 대해 고민해 보며 스스로 길을 찾아가는 노력이 필요함도 일깨워 주시되 참된 의미의 행복, 바람직한 삶이 무엇인지 함께 의견을 교환해 보기를 바랍니다. 또한 자신의 꿈을 향한 부단한 노력과 자질을 키워가는 것도 진로 목표 달성을 위해 중요함을 아이들이 깨닫도록 소크라테스식 발문을 활용하시기 바랍니다. 여기서 발문은 아는 사람이 알지 못하는 사람에게 물음을 던지며 여러모로 생각하도록 돕는 것을 말합니다. 따라서 어른들은 아이들이 스스로 생각하고 답을 찾아갈 수 있도록 도와주시기 바랍니다.

어른들께서는 아이들의 진로 교육을 위해 다음의 사항들을 참고하세요.

첫째, 행복한 사람이란 무엇인지, 진정한 행복이란 것이 무엇인지에 대해 심도 있는 이야기를 나누기 바랍니다. 행복한 삶과 올바른 삶이나 바람직한 삶에 대해서도 의견을 들어 보기를 바랍니다. 이때 다양한 인물들의 삶을 예시로 들 수 있습니다.

둘째, 아이들의 요구가 무엇인지 분석하기 위해 먼저 아이들이 좋아하는 것, 바라는 것, 잘하는 것 등에 대해 충분히 이야기 나누기 바랍니다.

셋째, 진로 직업과 관련하여 정확하고 신뢰할 수 있는 정보를 제공해 주기를 바랍니다. 이를 위해서는 다음 참고 자료를 활용하세요.

⊕ 참고자료

진로정보망 커리어넷

사이버진로교육센터

에듀에이블

진로정보망 커리어넷

예) 인천진로교육센터, 거제진로교육지원센터, 양산진로교육지원센터, 경기도교육청 학생진
　　로교육-꿈날개, 금정구진로교육지원센터 등

과연 내가 할 수 있을까?

진로에 대한 고민 3

중환자실에 있는 엄마에게 면회를 갔다 온 소미는 동생의 저녁을
챙기고 있었다. 요즘은 친척들이 종종 도와줘서 시간이 좀 나긴 했지
만, 걱정거리가 많아서인지 공부에 신경 쓸 마음의 여유가 없었다. 더
구나 돈 문제는 소미의 마음을 더욱 짓누르는 원인이기도 했다.

학교에 진로 희망도 써 가야 했지만, 소미는 빈칸에 채울 마땅한
무언가를 찾을 수 없었다. 과학자니, 법관이니 하는 친구들도 있었지
만, 식품연구소에 가고 싶다고 말하던 미정이가 더 좋아 보였다. 하지

만 정작 소미 자신은 무슨 직업을 떠올리든 항상 비관적인 생각이 먼저 들었다.

'과연 내가 할 수 있을까? 보나 마나 실패할 텐데….'

'사실 아닌가? 어차피 못하는 거…. 이 직업도 저 직업도 하려면 돈이 들 테고, 계속 공부할 자신도 없고.'

'이것도 엄청 힘들 텐데…. 나 같은 게? 말도 안 돼. 현실적으로 불가능해.'

패배자 같은 생각이 멈추지 않았지만, 그 생각을 그만둘 생각조차 들지 않았다. 사람들은 긍정적인 생각을 가지라고 말하지만, 그게 말처럼 쉬운 일이 아니었다. 이유는 모르겠지만 긍정적으로 생각해야겠다는 다짐을 가지기도, 비관적인 생각을 떨치기도 힘들었다. 그럴 때마다 소미는 혼잣말을 했다.

"내가 아무래도 좀 그러니까…. 다 내 탓이지 뭐."

소미는 장을 보기 위해 목발을 짚고 집을 나서려 했다. 그때 소미의 폰이 울렸다. 복지센터의 선생님이 소미에게 전화를 건 것이다.

"여보세요?"

"아, 소미야. 그동안 잘 지냈니?"

"네. 안녕하셨어요?"

"그래, 별일은 없었니?"

"네…. 뭐…."

소미는 최근의 답답했던 상황에 대해 이런저런 이야기를 하며 살짝 울먹였다. 가족도 아닌 사람에게 집안 사정이나 속마음을 말한다는 것이 쉬운 일은 아니었지만, 그래도 누군가에게 말하고 싶었다.

"그런 일이 있었구나, 소미야."

"네에…. 아, 그런데 무슨 일이세요?"

"요즘 너의 상황에서는 좀 그렇긴 한데."

복지사 선생님이 잠시 뜸을 들이다 말을 이었다.

"너 혹시 미술 제대로 공부해 보고 싶지 않니?"

"네? 미술요?"

"너 그림 그리는 거 좋아하잖니. 내가 볼 때도 어려서부터 재능이 있었고…."

"아니에요. 그냥 옛날 이야기인데요…."

"아니야. 내가 볼 땐 재능이 있었어. 그래서 네가 생각났단다."

"네…."

미술 교육이라…. 설명을 들어 보니 방학 동안 간단하게 듣는 강좌가 아니라 정규과정처럼 공부한다고 한다. 하지만 집안 분위기도 뒤숭숭하고, 특히 소미가 염려하는 건 돈이었다.

원래 예술 교육에는 재료비부터 강습비까지 비용이 많이 든다. 재미 삼아 그림을 그리곤 하지만 어디까지나 낙서 수준이라고 생각하기도 했고, 가족들에게 부담을 끼칠 수도 없는 노릇이었다. 주저하는 모습을 보이자 답을 기다리던 선생님이 다시 말을 이었다.

"재료비나 강의료 같은 건 염려하지 말렴."

"네?"

"봉사 차원에서 하시는 분들이라 재료비나 그런 것들은 모두 그쪽에서 부담할 거야. 돈 때문에 부담 가는 일은 없을 테니 안심하렴."

"네에…."

걱정이 조금 줄어들긴 했지만, 선뜻 대답이 나오지 않았다.

"요즘은 좀 뒤숭숭할 테니 나중에 좀 나아지면 연락해 보렴. 문자로 연락처 보내 줄게. 그리고 그쪽에도 내가 얘기해 놓고."

"네, 감사합니다."

전화를 끊고도 딱히 결심이 선 것은 아니었다. 그림을 배우거나 미대에 진학하는 것도 좋지만, 여전히 부담이 큰 길이었다.

'놓치기는 아까운 기회인데 어떻게 하면 좋지?'

소미는 동생의 저녁 준비를 위해 목발에 의지하여 열심히 걷고 있었다. 구름이 잔뜩 끼어 눈이라도 올 듯한 하늘에 바람마저 매서웠지만 생각이 멈추질 않았다.

'아빠께 상의해 볼까?'

그런데 요즘 집안 형편을 생각하니 선뜻 용기가 나지 않았다.

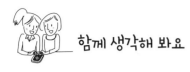

함께 생각해 봐요

1. 소미는 자신의 진로에 대해 어떤 생각을 갖고 있나요? 소미는 어떤 진로에 관심이 있나요? 왜 그렇다고 생각하나요?

2. 복지사 선생님의 전화를 받고 나서 소미는 왜 '놓치기는 아까운 기회인데 어떻게 하면 좋을까?' 하는 생각이 들었을까요? 만약 내가 소미라면 어떤 생각이 들까요? 그 이유는 무엇인가요?

3. 자신의 진로에 대해 고민해 본 적이 있나요? 그리고 어른들에게 진로에 대한 고민을 털어놓은 적이 있나요? 그때 어떤 이야기를 나누었으며, 어떤 기분이 들었나요? 왜 그런 기분이 들었나요?

4. 소미가 아빠에게 미술을 배우는 것에 대해 상의하기를 주저하는 이유는 무엇인가요? 소미는 어떤 것을 고민하고 있나요? 나는 소미에게 뭐라고 조언해 주고 싶나요?

　만약 진로에 대해 어른들과 깊이 있게 이야기 나누어 본 적이 없다면, 오늘은 용기를 내어 함께 대화해 보길 바랍니다. 하고 싶은 일, 관심 가는 일, 재능 있다고 여겨지는 일 등에 관해 의견을 나누어 보세요.

함께 읽는 어른들에게

　진로를 결정할 때 대개 아이들은 자신이 하고 싶은 일이나 재능이 있는 일에 대해 생각하지만 환경에 따라 부정적인 생각을 하는 아이들도 많이 있습니다. 부모님이나 선생님이 생각하는 것 이상으로 아이들은 경제적 환경을 민감하게 판단하고 지레짐작하여 자신의 꿈을 포기하기도 합니다. 진로에 대한 소극적이고 부정적인 생각은 아이들이 모든 원인을 자기 자신의 탓으로 돌리게 하기도 합니다.

　부모님과 선생님은 아이들이 진로에 대해 양가적 정체성, 즉 긍정적이고 도전적인 동시에 부정적이고 비관적인 측면도 지니고 있음을 이해해야 합니다. 아이들이 현실의 난관들보다는 자기 자신에게 집중하고 진로를 개척해 나갈 의지를 가지도록 이야기를 듣고 격려해 주기 바랍니다.

　아이들은 하고 싶은 많은 이야기가 있고 언제나 이를 들어 줄 누군가를 간절히 찾고 있습니다. 아이들이 그릿grit과 성장 마인드셋mindset을 키워 가도록 돕기를 바랍니다.[1]

---

[1]　박형빈. 도덕교육에서 그릿(grit)과 성장 마인드셋(mindset) 기반 발문 활용 전략. 윤리연구. 2019;1(126):117-149.

말하면 또 학원 가라고 할 거잖아!

올바른 학업 방식

영서가 시계를 보며 무엇인가를 급히 쓰고 있었다. 이를 보던 미정이가 킥킥대기 시작했다.

"아무리 그래도 영어 학원에서 수학 숙제하는 건 좀 그렇지 않아?"

짜증이 나 있던 영서는 살짝 헛웃음을 웃으며 답을 했다.

"누가 아니래. 숙제할 시간도 없는데 뭔 숙제를 이렇게 많이 내는지…. 미정이 너도 숙제 많지 않아?"

"그렇지. 난 그냥 하는 데까지만 해."

"혼나지 않아? 학원에서 전화 올 텐데."

"아빠가 할 수 있는 데까지만 하래. 전화 와도 신경 쓰지 말고."

"엄마가 싫어하지 않아?"

"내가 딴짓만 하지 않으면 그러려니 해. 우리 엄마는."

그리고는 영서가 베끼는 수학 답안지를 가리키며 한마디 했다.

"그런데 이렇게 답안지 베끼면 아무런 의미도 없잖아?"

"나도 알아. 하지만 안 하면 혼나니까…."

"그래도 스스로 푸는 건 있지?"

"글쎄, 요즘 잘 모르겠어. 수업도 점점 뭔 얘기하는지 모르는 게 더 많아지고 있고…. 물어 봐도 잘 모르겠고."

"엄마한테 학원 좀 줄여 달라고 해 봐."

미정이의 조언에 영서도 잠시 생각해 봤지만 떠오르는 것은 안 된다는 엄마의 얼굴뿐이었다.

"들어 주겠어? 아마 난리가 날 걸. 그냥 말 안 하는 게 더 나을 듯!"

"뭐, 나도 그럴 때가 있으니까."

"그런데 나 바보인가 봐."

"왜?"

"다들 쉽게 하는 것 같은데 잘 안되는 게 너무 많아."

"다른 애들도 다 비슷하지 않을까? 나도 그렇고."

"아냐. 아무리 생각해도 내가 문제인 것 같아."

영서는 장난스럽게 머리를 쥐어짜는 흉내를 내며 미정이의 얼굴을 살펴보았다. 위로의 말인지 아니면 진심인지 알 수 없었다. 영서는 위로받고 싶은 것인지, 아니면 진짜로 자신이 문제라는 것을 확인받고 싶은 거였는지 알 수 없는 기분이었다.

늦은 저녁 식사 시간, 식탁에는 늦게 돌아온 영서를 위한 저녁상이 차려져 있었다. 그리고 영서의 식사 자리에는 늘 그렇듯 아빠와 엄마가 함께 앉아 있었다.

영서는 요즘 고민인 공부 문제 때문에 식사 중에도 이런저런 생각을 하고 있었는데, 그 고민은 표정으로 여실히 나타나고 있었다. 그 표정을 읽은 아빠가 잠시 뜸을 들이다 영서에게 물었다.

"영서야 뭔 일 있니?"

"응? 응… 뭐… 이런저런."

"괜찮아. 말해 봐."

"아빠. 난 아무래도 바보인가 봐."

영서의 말에 순간 엄마의 눈동자가 커지면서 영서를 바라보았다. 아빠가 다시 질문을 이어 갔다.

"왜?"

"점점 모르는 게 많아지는데, 선생님 설명을 들어도 잘 모르겠어."

"너도 알겠지만 바보라서 그런 건 아니고 다들 그런 거 아닐까. 열심히 할 수밖에 없겠는걸."

엄마가 불쑥 대화에 끼어들었다.

"어느 과목이 부족한데?"

그러자 순간 멈칫하던 영서가 갑자기 짜증을 내기 시작했다.

"엄마한테는 말하고 싶지 않아."

"넌 꼭 엄마한테만 그러더라. 뭔데, 말해 봐."

"내가 말하면 그거 보충 학원가라고 할 거잖아."

"아니, 부족하니까 보충하는 거잖아."

"선행 해 놔야 한다고 해서 윗등급 반으로 갔더니, 그거 또 보충한다고 또 다른 학원 보내고. 그리고…."

"다른 애들 다 하는데 너만 빠지면 뒤처질 것 아냐? 거기다가 학원에서 전화 오는데 숙제도 제대로 잘 안 해 간다며?"

"학원들마다 자기들 숙제만 잔뜩 내 주니까 숙제할 시간이 없어서 그런 거잖아."

"어이구, 변명은…. 너 너튜브랑 게임하는 시간만 아껴도 숙제 다 하고 남겠다."

"난 학교에서도 학원 숙제하고 있다고. 그거 잠깐 하는 거 가지고 뭐라고 하지 좀 마."

"네가 게을러서 그래. 그거 시간 아껴서 하면 다 할 수 있어. 학원 뺐더니 미정이네 놀러가고 공부도 안 하고 게으르게 생활했잖아."

"아니, 그거 얼마나 된다고!"

엄마와 영서의 말다툼이 시작되자 아빠는 슬그머니 한 발 빼는 분위기였다. 엄마에게 신경질적으로 답하긴 했지만 영서의 머릿속은 복잡해졌다.

잘 몰라서 혹은 아예 흥미가 없어서 학원에서 그냥 시간만 보내는 경우도 많아진 상황이 되다 보니 그냥 손을 놓고 싶은 생각이 들 때도 많았다. 무엇 하나 답이 없어 보였다. 막막한 허공 속에 그냥 방치된 느낌이었다.

함께 생각해 봐요

1. 저녁 식사 시간에 영서는 왜 마음이 무거웠던 걸까요? 영서는 어떤 기분인가요?

2. 영서 엄마는 왜 영서를 학원에 보내는 걸까요? 영서는 학원에서 실력을 잘 향상시키고 있나요? 왜 그렇게 생각하나요?

3. 학원 문제로 부모님과 다툰 적이 있나요? 만약 있다면 어떤 문제 때문이었나요? 솔직하게 부모님께 여러분의 상황을 이야기해 본 적이 있나요? 왜 부모님께 정직하게 이야기하지 못했나요?

4. 만약 내가 영서라면 이런 상황에 대해 부모님에게 잘하고 있다고 할 것인가요, 아니면 학원의 양을 줄여 달라고 할 것인가요? 그 이유는 무엇인가요?

5. 부모님께 현재 과정을 있는 그대로 정직하게 이야기하는 것은 왜 중요할까요? 만약 갈등을 모면하기 위해 부담감이나 어려운 점을 부모님께 전하지 않는다면 상황은 어떻게 될까요? 그런 대처법은 바람직할까요? 왜 그렇게 생각하나요?

모두는 아니지만 많은 아이가 지나치게 꽉 짜인 학업 스케줄을 따르고 있습니다. 종종 무리한 학습 계획을 제대로 소화하지 못한 상태에 놓여 있기도 합니다. 이러한 생활이 지속되면 아이들은 불안감, 자포자기, 좌절감, 자신감 상실을 경험하게 되고 건강한 성장과 인성 발달을 이루기 어려울 수 있습니다.

사람이 사는 데 있어서 지적인 부분은 중요하지만, 인지적 성장은 정서적, 사회적 성장과 함께 이루어질 때 바람직한 발달을 이룰 수 있습니다. 인성과 도덕성 발달이 부족하면 아이들은 어려운 삶을 맞이할 수도 있습니다. 흔히 부모님들은 지적 교육과 인성 교육을 다르다고 생각하지만, 지성 교육이 내용이라면 인성 교육은 그 내용을 담을 그릇을 빚는 교육이라 할 수 있습니다.

주입식이라고 생각할 수 있는 과거 서당에서도 학생 개개인에 적합하게 적당한 양을 완전 학습하는 교육 방식을 지향했습니다. 지식 위주의 학습에서도 인성 교육적인 측면이 중요한 이유는 정서가 안정되지 않거나 인성적인 면이 불안하다면 결국 지적인 학습 기반이 무너질 수 있기 때문입니다.

부모님과 선생님은 아이들이 학업, 지식의 성장뿐만 아니라 인격이 잘 고양되도록 사회적, 정서적, 도덕적 지능에도 관심을 기울여 주시기 바랍니다. 다른 사람의 시각에서 세상을 볼 줄 알고 느낄 줄 아는 것은 도덕 지능의 기본입니다.

옷 단정히 못 입고 다니냐!

외모와 자존감

한섭이는 여름 방학이 되자마자 헤어샵에서 머리카락 일부를 염색했다. 래퍼로서 활동하려면 아무래도 외모가 받쳐 줘야 한다고 생각했기 때문이었다.

'그래. 잘 생기지 않으면 사람들의 눈에 띄지도 않을 테니까.'

얼마 전까지 다니던 오디션에서 다른 후보자들의 훤칠한 키와 외모에 잔뜩 움츠러든 한섭이었다. 주눅 든 모습이 오디션에도 영향을 줬는지 심사위원들이 좀 더 자신감 있는 모습을 보여 달라고 주문하기도 했다. 물론 한섭이로서는 기분 좋은 경험이 아니었다.

한섭이는 헤어샵에서 나오자마자 아웃스타그램과 베이스북에 염색한 사진과 글을 올렸다. 그리고 얼마 지나지 않아 민배와 경만이의 깨톡이 왔다.

「오~ 멋진데! 좋아요 눌렀다」

「나도」

「그런데 뭔 바람이야? 오늘 오디션 간다더니 머리 염색한 사진이나 올리고」

「뭐냐? 좋은 소식이라도 있는 거야?」

민배와 경만이는 한섭이에게 있어 좋은 친구이자 지지자였다. 부탁한 대로 항상 좋아요와 댓글을 잘 달아 주고 관심을 가져 줬다.

「갔더니만 훤칠하고 잘생긴 애들 때문에 후들거리더라」

민배와 경만이는 그래도 한섭이 편을 들어 주었다.

「실력으로 승부를 봐야지 외모로 승부 봐봐야 얼마나 가겠냐!」

「인정~」

깨톡임에도 고개를 좌우로 설레설레 흔들어 가며 한섭이가 답변했다.

「네가 안 겪어 봐서 그래 진짜로 후덜덜이라니깐」

「모든 건 두고 봐야 한다니깐!」

「맞아 맞아」

「나도 염색 좀 해 볼까?」

한섭이는 싱긋 웃으며 빈정거리는 말투로 답했다.

「너는 씻고 다니는 것부터 해라! ㅋㅋㅋ」

「ㅋㅋㅋ 뭐야 내가 드럽다는 거냐?」

이후 이모티콘들 몇 개가 이어진 후 대화는 끝났다.

한섭이는 헤어샵을 들렀던 까닭에 저녁 늦게 집에 돌아오게 되었다. 집 거실에는 한섭이 부모님이 TV를 보고 있었다. 한섭이는 다녀왔냐는 말과 함께 부모님의 표정이 어두워지는 것을 봤다. 그 모습을 보자 한섭이의 얼굴도 굳어졌다.

"옷 단정히 못 입고 다니냐!"

"…."

"머리는 그게 뭐니?"

"네?"

"머리는 뭐냐고!"

"그냥 염색 좀…."

"이게 정말…! 벌써 멋이나 부리고 다녀!"

"아냐!"

"취미 활동 정도로 봐 주려는데 엉뚱하게 겉멋만 들어 가지고…. 어쩌려고 그래?"

한섭이나 한섭이 아빠나 서로의 말을 들을 생각이 없어 보였다. 한섭이는 자신이 오디션에서 느꼈던 위축감이 생각났지만, 부모님에게 말하고 싶지 않았다. 핀잔을 듣고 싶지 않은 데다가 오히려 그만두라 강요하는 이유가 될 것 같아서 그랬다.

"다 이유가 있어서 그런 거니까 그냥 좀 내버려 둬!"

방으로 그대로 들어가려 하자 이번엔 저녁도 안 먹고 들어간다며 잔소리가 들려 왔다. 그러나 식탁에서 계속 추궁당할 것 같은 생각에 한섭이는 더 신경질이 났다. 자기 방 의자에 앉아 천장을 바라보며 한섭은 이런저런 생각이 밀려오는 것을 느꼈다.

1. "옷 단정히 못 입고 다니냐!"는 부모님 말씀에 한섭이의 기분은 어떠했을까요? 왜 그런 기분이 들었을까요?

2. 한섭이 부모님은 왜 한섭이의 옷차림과 머리를 마음에 들어 하지 않았나요? 그런 부모님의 지적은 합당한 것인가요? 왜 그렇게 생각하나요?

3. 외모 가꾸기로 부모님과 의견 대립이 있었던 적이 있나요? 그때 기분은 어땠으며 부모님께 어떻게 대꾸했나요? 그 반응은 정당한 것이었다고 생각하나요?

4. 만약 내가 한섭이라면 부모님께 뭐라고 이야기하고 싶나요? 그 이유는 무엇인가요?

5. 단정한 옷차림이나 몸가짐이 중요한 이유는 무엇이라고 생각하나요? 그렇게 생각하는 까닭은 무엇인가요?

6. 만약 내가 장래에 한섭이와 같은 아들을 둔 부모라면 자녀에게 어

떻게 이야기해 주고 싶은가요? 왜 그렇게 하고 싶은가요? 그것은 합

당한 것인가요?

함께 읽는 어른들에게

외모는 일종의 사회문화적 영향을 많이 받습니다. 대부분 부모님과 선생님은 아이들이 단정한 몸차림을 하길 원합니다. 이로 인해 개성을 추구하는 아이들과 의견이 맞지 않아 갈등이 빚어지는 경우가 많습니다.

부모님, 선생님은 아이들에게 어른들이 원하는 모습을 일방적으로 강요하거나 윽박지르기보다, 왜 그러한 몸가짐과 외모가 중요한지 이야기 나누길 바랍니다.

때로 성장에 있어서 외모 꾸미기는 인성과 관련한 측면도 있습니다. 지나친 외모 꾸미기는 내면의 중요성보다 외적 모습에 치중하게 하여 아이들이 내적 가치보다 외적 가치만을 추구하게 할 수 있습니다. 발달 과정에 있어 아동이 외모에 관심을 가지는 것은 자연스러운 현상이지만, 긍정적 자아 형성을 위해 외모 콤플렉스에 빠지지 않도록 돕는 것도 필요합니다.

외모는 자존감과도 연관되지만 지극히 주관적인 측면도 있으며, 사회 문화적 자기 해석과 외모 만족이 연결되기도 합니다. 때로는 학교에 적응하는 데 있어 자아탄력성 이론과 관련을 갖기도 합니다.

아이들이 자신의 있는 그대로의 모습을 소중하게 여기고 이에 긍지를 갖도록 할 필요가 있습니다. 부모님, 선생님은 세상에는 다양한 인종과 다양한 외형을 가진 사람들이 공존하고 이들 모두 존중받아야 함을 아이들에게 상기시키기 바랍니다.

엄마는 내 맘 몰라
양육 방식의 중요성

학교에서 회장 선거가 끝난 지 얼마 안 되는 어느 주말, 토요일 아침부터 영서네 집은 시끄럽다.

"영서 너는 맨날 잔소리를 들어야 말을 듣니!"

"아니, 언제 맨날 하라고 한 적 있어?"

"저번에 말했잖아. 그리고 너는 꼭 말을 해야 해? 혼자서는 알아서 못해?"

"왜 항상 말을 해야 그때서야 움직이는 척하냐고? 엄마가 먼저 겨울 방학 때부터 책 많이 읽으라고 하지 않았어?"

"학교 도서관에서도 책 빌려서 읽으라고 했어, 안 했어?"

"그건 틈나는 대로 매일 하고 있어. 바로바로 다 읽지는 못해도 빌려서 읽고는 읽다고!"

영서는 분한 마음에 엄마에게 신경질적으로 말을 이어갔다.

"그리고 항상 그래. 항상 다 듣지도 않고 먼저 뭐라고 하기 바쁘고!"

엄마의 표정이 살짝 더 굳어졌다.

"그게 다 너 잘되라고 하는 거잖아!"

"맨날 그런 식으로 말하잖아. 뭐 하기 전에 일만 벌이고, 그거 언제 다하냐고!"

"평상시에 너튜브 보거나 게임하지 말고, 그 시간 아껴서 하면 다 하고도 남아!"

"나 너튜브나 게임 그렇게 많이 안 한다고!"

"안 하긴! 맨날 책상 보면서 멍하니 있거나 그거나 보고 있잖아."

"내가 언제 맨날 그래!! 내가 공부할 때는 다른 엄마들 만나러 다니면서 집에 있지도 않잖아. 질문하면 답도 안 해 주고!!"

"내가 놀러 다니니? 다 엄마들하고 어울리면서 정보도 얻고 너 친구 모임도 만들어 주고 하는 거잖아."

"정보를 얻기는 뭘 얻어. 맨날 어디서 듣고 와서 이거 해라, 저거 해라 잔소리만 하잖아. 괜히 일만 벌이고 말이야!"

"네가 뭘 안다고 그래! 엄마가 시키면 시키는 대로 해. 자율 동아리는? 선생님 찾아서 담당해 달라고 말씀드렸어?"

"아직 못 했어. 선생님들마다 담당하는 수가 찼다고 해서 또 다른 선생님께 부탁드려야 돼."

"왜 진작에 하지 않고 항상 일을 질질 끄니? 그런 거 미리미리 해야 한다고 말했잖아?"

엄마의 신경질적인 언성은 더욱 높아만 갔다.

"누가 질질 끌었어? 애들 모아 갔더니 다섯 명 이상 모으라고 해서 애들 더 모으느라 그런 거잖아."

"그러니까 진작 애들이랑 친하게 지내면서 동아리 할 친구들 모으라고 했잖아!!"

"그게 쉽냐고! 다들 자기들끼리만 모이거나 안 하겠다는 애들이 많아서 세 명 모으는 것도 쉽지 않은데!"

영서의 목소리도 엄마와 함께 신경질적이고 더 커지고 있었다.

"얘가 왜 이래? 어른이 말하는데 웬 말대꾸야? 요즘 애들은 왜 이리 버르장머리가 없어!"

엄마도 화가 머리끝까지 올랐는지, 말하기보다는 고함친다는 표현이 더 적합할 정도였다.

보다 못한 아빠가 한마디 거든다.

"여보, 오늘 왜 그래? 애가 아직 어리니까 그러겠지. 그리고 영서야 오늘 왜 이래? 학교에서 부모님께 효도하라고 배우지 않았니? 말

잘 들어야 착하지?"

"당신은 평상시에는 관심도 안 가지더니 왜 애 편을 들어? 혼을 내 줘야지 아빠라는 사람이."

"어리니 아직 서툴 수도 있지. 그리고 영서가 노력하고 있는데 옆에서 참견하기도 그렇잖아. 좀 놀게 해 주고 스스로 하게 기다려 주면 안 돼?"

"남의 집은 아빠들이 팔 걷고 애들 스펙 관리하고 공부도 신경 쓰는데, 당신은 도대체 왜 애 교육에 대해 눈곱만큼도 생각을 안 해?"

아빠는 더 이상 말을 잇지 못했다.

엄마의 고함은 계속 이어졌다.

"그리고 너 지난번 회장 선거에 왜 안 나갔어?

"하겠다는 애들도 많은 데다가 애들 앞에 서면 솔직히 나도 모르게 주눅 든다고…."

영서의 말끝이 살짝 흐려졌다.

"엄마가 평상시에 뭐라고 했어. 그렇게 겁먹지 말고 항상 당당하게 행동하라고 했지!!"

"말은 쉽지. 실제로는 잘 안된다고. 괜히 잘못할까 봐 겁난다고."

"왜 겁을 내냐고. 답답하게."

"엄만 직접 해 보지도 않고 시키기만 하면서 나 혼만 내잖아."

"내가 언제 맨날 혼을 내?"

"어렸을 때만 해도 학원에서 잘 못 한다고 계단에 데려가서 혼낸 게 한두 번인 줄 알아? 오죽하면 지나가던 아줌마들이 말렸겠어."

"어렸을 때 이야기를 지금 왜 해!"

"지금도 별반 다르지 않잖아. 이것저것 꼬치꼬치 물어 보고 마음에 안 든다면서 혼내고 소리치고 하잖아."

"아니, 얘 정말 버르장머리가!!!"

함께 생각해 봐요

1. 영서가 엄마에게 화난 까닭은 무엇인가요? 엄마가 영서에게 화를 낸 이유는 무엇인가요? 영서와 엄마 중 누구의 잘못이라고 생각하나요? 그 이유는 무엇인가요?

2. 내가 영서라면 엄마에게 어떻게 답변했을까요? 그 이유는요? 그리고 어떤 기분이 들었을까요?

3. 만약 내가 엄마였다면 영서에게 어떻게 이야기했을까요? 그 이유는 무엇인가요? 그리고 어떤 기분이 들었을까요?

4. 상대방의 입장에 서 보는 것은 왜 필요할까요? 지금 나는 누군가의 입장에서 다시 생각해 보고 싶은 일이 있나요? 그것은 무엇이고 왜 그런 마음이 들었나요?

함께 읽는 어른들에게

동서양을 막론하고 "매를 아끼면 아이를 망친다."라는 말이 있습니다. 옛말이 된 지 오래지만 직접 매를 들고 아이들을 때리는 게 아니더라도 우리나라를 비롯한 동양권 국가에서는 매우 엄격한 양육 방식이 지지를 받아왔습니다. 그것은 아이들에게 옳고 그른 것이 무엇인지 엄격히 가르쳐야 한다는 뜻이기도 합니다.

아이들이 무엇을 지향할지 혼란스러워하지 않도록 아이들에게 옳고 그른 것이 무엇인지 명백히 제시해 줄 필요는 있습니다. 그런데 아이 훈육의 방법에 대해서는 생각해 볼 필요가 있습니다.

아동 학대가 아이에게 심리적, 사회적 문제를 일으킨다는 연구들은 그동안 많았습니다. 학대 속에서 자란 아이들은 불안장애, 우울증 등의 정신 질환을 앓게 될 위험이 크며, 사회적으로도 공격적 성향이 커지고, 감정 조절이 힘들어 사회 생활에 적응하기 쉽지 않다는 것입니다.

아동 학대 수준까지는 아니더라도 어린아이에게 양육자가 반복적으로 고함을 지르거나 화를 내고 몸을 붙잡고 흔드는 것만으로도 아이의 정서적, 사회적 발달에 좋지 않다는 연구들을 우리는 눈여겨봐야 합니다. 그뿐만 아니라 이런 것들은 아이의 두뇌 구조까지 바꿔 놓는다는 점에서 중요합니다. 따라서 부모와 자녀, 선생님과 학생은 서로 대화하는 법을 배우고 만들어 가야 합니다.

그렇다면 아이들과 어떻게 대화해야 할까요? 다른 사람과 대화하는 법은 아이들뿐만 아니라 어른들도 배워야 할 중요한 일입니다. 아이들과 서로 기분과 생각을 나누는 진정한 대화로써의 의사소통을 해 보기 바랍니다. 먼저 아이들의 감정과 기분을 듣고 그걸 인정하는 것부터 시작해 보기를 권합니다.

또한 자기주도학습self-directed learning, SDL의 중요성을 인지하고, 아이들이 자발적으로 목표를 설정하고 계획을 세워 실천할 수 있는 환경을 마련해 주기를 바랍니다. "무엇을 하라"고 말하기 전에 "무엇을 하면 좋을지", "그것이 왜 필요한지" 등에 관해 먼저 이야기 나누기를 바랍니다.

누나가 언제까지 너랑 놀아 줘야 해?

형제자매로서의 도리

"누나!!!"

"왜? 누나 지금 미술 공부하러 가야 한단 말이야."

요즘따라 동생이 칭얼거리는 것이 더 참기 힘들어진 소미였다.

소미는 얼마 전부터 소개받은 봉사단체에 미술 교육을 받으러 가고 있었다. 엄마는 아직 의식이 돌아오지 않아서 면회 시간 제한이 있는 중환자실에 있었지만, 그림 공부라도 하고 있으면 마음이 좀 편할까 해서 다니고 있었다.

돈이 들지 않는다는 말에 아빠도 딱히 반대는 하지 않았다. 하지만 동생을 돌보는 일이 소미의 몫이 되었기 때문에 동생의 저녁을 챙겨 주고 두 시간여 나갔다 오는 일이 소미에게는 심적으로 부담스러운 일이었다. 그런데 동생의 칭얼거림까지 심할 때는 정말 소리를 지르고 싶기도 했다.

"누나 잠시 갔다 올게…."

"싫어. 나 혼자 있단 말이야."

"나가서 친구들이랑 놀면 되잖아."

"친구들도 없어. 그냥 혼자 있어야 돼."

"그럼 책을 읽던가."

"재미없어."

"제발…. 그럼 TV라도 좀 보면서 있어. 금방 갔다 올게."

"싫어. 그것도 재미없어."

소미는 살짝 하소연하듯 동생에게 말하기 시작했다.

"누나랑 있어도 재미없잖아."

"그래도 심심하단 말이야."

소미가 집에 있어도 동생이랑 노는 것도 아니고 그냥 옆에 있기만 하지만, 엄마가 입원한 뒤로 동생은 혼자 있는 것을 더 싫어하는 듯했다. 종종 보이는 의기소침한 동생의 얼굴은 특히나 속상한 모습이었다. 요즘은 밖에 놀러 가지도 않고 집안에만 틀어박혀 있으려 할 때도 많았다.

"누나도 힘들단 말이야."

동생의 눈에 눈물이 고이기 시작했다.

"너 울보야? 왜 또 울어."

그러자 소미 동생은 본격적으로 울기 시작했다.

"아… 제발…. 누나가 잘못했어. 울지 마, 응?"

"안 울어. 난 안 운다고…."

울면서도 자기는 안 운다고 말하는 동생이 이해되지 않았지만, 이런 동생을 놔두고 혼자 나가기도 쉽지 않은 소미였다.

"그럼 누나랑 같이 미술 학원 가볼래?"

"싫어!"

"거기 같이 가서 좀 있으면 되잖아. 심심하지도 않고 누나도 거기 있으니까."

"싫다고…."

"왜 싫은데?"

"창피해."

동생은 그것도 싫다며 고개를 절레절레 흔들었다. 그 순간 소미에게 동생은 정말 밉상으로 보였다.

"아! 정말!!"

실랑이가 길어지면서 소미도 점점 지쳐 가고 있었다.

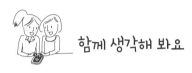

함께 생각해 봐요

1. 누나에게 칭얼거리는 동생을 보는 소미는 어떤 기분일까요? 왜 그렇다고 생각하나요?

2. 동생이 소미에게 바라는 것은 무엇인가요? 왜 동생은 누나에게 그러한 태도를 보인 것일까요?

3. 만약 내가 소미의 동생이라면 이와 같은 상황에서 어떠한 태도를 보이고 어떻게 행동할 것이라고 생각하나요? 소미 동생의 나이를 추측해서 이야기해 봅시다.

4. 만약 내가 소미라면 원하는 것을 희생하면서도 동생을 돌볼 수 있나요? 왜 그러한가요?

5. 언니, 오빠, 누나, 형으로서 동생의 어리광을 받아 주고 동생을 돌보는 것은 당연한 일인가요? 왜 그렇게 생각하나요?

6. 내가 동생이라면 언니, 오빠, 누나, 형이 어떻게 대해 주길 바라나요? 왜 그렇게 바라는 것일까요? 그것은 당연한 일인가요? 왜 그러

한가요?

7. 나는 언니, 오빠, 누나, 형으로서 동생들을 잘 보살피고 있나요? 그
   것은 마땅히 해야 할 도리인가요? 왜 그러한가요?

아이들은 성장기에 있으므로 인격이 완전히 형성된 것이 아닙니다. 이 때문에 아이들은 집안 상황 등에 따라 불안 행동들이 심해질 수도 있습니다. 특히 어린 나이의 아이들은 집안이나 가족에 닥친 어려움으로 인해 심리적으로 더욱 불안해질 수 있습니다.

예를 들어 부모님의 이혼, 소중한 가족의 죽음이나 건강의 악화 등을 들 수 있습니다. 아이들은 이 의미가 무엇인지 제대로 납득하고 이해하지 못하기 때문에 본인의 의지와 관계없이 당황하기도 하고, 엉뚱한 짓이나 산만한 행동으로 주변 사람을 난처하게 하거나 곤란하게 만들 수도 있습니다.

부모님, 선생님은 본 에피소드를 통해 아이들이 소미와 그 동생의 입장에 서 보고 그들의 마음을 느껴 보도록 지도하기를 바랍니다. 그런 연후에 소미와 소미 동생이 서로 어떻게 하는 것이 좋을지를 생각하도록 질문을 제시해 보기를 바랍니다. 가령 아이들이 이러한 상황에 놓인다면 자신의 불안함과 초조함을 인정하고 이를 해결하기 위해 어떤 노력이 필요한지 하나하나 짚어 주기를 바랍니다.

이러한 대화를 통해 부모님, 선생님은 어려움 속에서의 가족 간의 역할, 유대를 쌓아 가기 위한 노력이 무엇인지 아이들과 함께 확인할 수 있을 것입니다. 세상을 살아가면서 어느 가족이나 어려움에 처할 수 있기에, 불안 가운데서도 서로 신뢰하고 버팀목이 될 수 있도록 미리 마음을 훈련할 기회를 아이들에게 마련해 주기를 바랍니다.

왜 착한 내 자식에게 난리야!

타인 존중하기

주앙이와 주탁이가 집에 있는 어느 저녁. 주탁이는 담임 선생님의 전화를 받은 엄마에게 한소리 듣고 있었다.

"저번에는 같은 반 여자애 얼굴을 손톱으로 긁더니, 이번에는 남자애를 때려서 상처를 입혀?"

"몰라. 자꾸 까불잖아. 왔다갔다하고."

"자꾸 그런 일 있으면 이미지가 나빠지잖아. 특히 선생님한테."

"맞아. 사람들에게 나쁜 인상을 남기면 곤란해. 가족 체면도 있고."

아빠도 맞장구쳤다. 그러자 주앙이 할머니가 주탁이 편을 들어 주었다.

"애가 어려서 그럴 수 있지, 우리 주탁이를 왜 그리 혼내냐?"

주탁이 할머니가 계속 말을 이었다.

"그나저나 얘네 반 애들이나 그 반 부모들이나 참 형편이 없네. 애들이 그럴 수도 있지, 그걸 부모들이 따지고 담임 선생까지 전화를 걸고…."

주앙이 부모가 고개를 끄덕이며 동의했다.

"아무래도 동네 수준이 그런가 봐요."

엄마의 이 한 마디에 아빠가 다시 아이들에게 당부했다.

"암튼 동네에 우리 같은 사람들이 많지 않으니 너희들도 사람 잘 가려서 사귀어라. 그리고 자꾸 뭔 소리가 나면 그런 사람들은 우리한테 손가락질 하니 그것도 알아 두고."

아빠의 말이 끝나자마자 할머니가 주탁이에게 궁금한 것을 물어보았다.

"그런데 오늘 때렸다는 애 부모는 뭐 하는 사람들이래?"

"몰라. 그냥 누나랑 같은 반이라던데…."

"그래? 주앙아, 그게 누구냐?"

"응? 잘 모르겠는데…."

"소미라는 애일 거야."

주앙이는 엄마의 말을 듣고서야 누군지 알겠다는 표정을 지었다.

"엄마들 모임에 나오라고 해도 연락도 안 되다가, 걔네 아빠란 사람이 한 번 간신히 참석해서 기억하고 있지."

"그래? 그래서 뭐 하는 집안이래?"

"행색이 꾀죄죄한 게, 한마디로 다시 볼 생각이 없어. 뻔하지 뭐."

이 말을 듣자 아빠는 의기양양한 모습으로 다시 주앙이와 주탁이에게 말했다.

"그래, 보나마나네. 너희들도 앞으로 걔네 조심해라. 상식 없는 애들일 게 뻔할 거야. 그 집안도 그렇고. 학부모 모임도 안 나오는 거 보니, 보나 마나 애 엄마라는 사람도 집 나가 버리고 한마디로 막 나가는 집안이겠지."

"맞아. 보나마나 그럴 거야."

순간 식탁에 모인 주앙이네 가족의 웃음보가 터졌다.

주앙이네 가족이 떠들 동안 초인종이 울렸다.

"뭐지? 배달시킨 것도 없는데."

엄마가 인터폰 화면을 보면서 이렇게 말했다.

"주탁이에게 맞은 애 아빠가 왔나 보네."

그러자 주앙이가 어떡할지 물어보듯 엄마를 바라봤다.

"내버려 둬! 뭔 무례람. 저녁 시간에 남의 집 앞에서…."

초인종에 아무런 대꾸도 하지 않자 소미 아빠가 문을 두드리며 항의하기 시작했다.

"남의 자식을 때려서 몇 바늘 꿰매게 했으면 와서 사과라도 하는 게 당연한 게 아닌가요!"

소미 아빠가 계속 소리를 지르자 비로소 주앙이 아빠와 엄마가 현관으로 나섰다. 문을 열자 소미 아빠가 따지기 시작했고, 주앙이 아빠도 이를 맞받아쳤다.

"이 사람이 여기가 어디라고 소리를 지르고 행패야!"

"이것 보세요. 남의 애를 때리고 병원까지 가서 꿰매게 했으면 와서 사과라도 해야지 어찌 소식도 없이 나 몰라라 하냐구요!"

옆에 있던 주앙 엄마가 한마디 했다.

"애들끼리 싸울 수도 있고 그런 거지! 싸운 이유도 댁의 아들이 우리 착한 주탁이에게 시비를 걸어서 그런 거잖아요!"

"언제 우리 애가 댁의 아들에게 시비를 걸었냐고요."

"당신 담임 선생님한테 말 못 들었어요? 그리고 담임 선생님에게 죄송하다고 해서 그렇게 다 끝난 일이라고요!"

"담임 선생님이야 당신 아들 말만 듣고서 말한 거고. 싸워도 그렇지 병원 가서 꿰매게 만들고서 그걸 잘했다고 떠드는 거요?!"

실랑이가 계속되자 방에 잠시 들어갔다가 나온 할머니까지 현관으로 나왔다. 그리고는 손에 쥐고 있던 돈을 소미 아빠에게 확 던졌다.

"자! 여기 치료비!"

주앙이 할머니가 괘씸하다는 표정으로 말을 이었다.

"병원비 달라고 시비 거는 것 같은데, 우리 집안이 그딴 돈 신경 쓸 집안도 아니고! 애들 싸움에 이렇게까지 난리 치는 사람은 처음이야!"

할머니가 던지는 돈에 얼굴을 맞은 소미 아빠는 얼어붙은 듯 잠시 멈춰 있었다. 그러자 주앙이 아빠가 한마디 했다.

"당신 계속 이러고 있으면 신고할 거야! 알았어?"

주앙이 엄마가 남편을 따라 다시 한마디 했다.

"어디서 난리야, 난리가…"

주앙이 부모는 문을 쾅 닫으며 연신 씩씩거렸다. 주앙이 할머니의 얼굴에도 분한 감이 가득했다.

주탁이와 주앙이도 마치 부모를 응원하듯 말했다.

"한준이 아빠가 판사잖아. 그러니까 저런 사람은 한준이 아빠에게 말해서 감옥에 보내 버려야 해!"

"맞아."

주앙이 부모와 할머니는 맞장구치며 말했다.

"정말 상종 못 할 사람들 많단 말이야! 우리 착한 애들에게 뭐라고 하고."

주앙이 할머니가 손자들을 다독이며 말했다. 그리고 현관문 쪽을 바라봤다. 현관 쪽에서는 딱히 아무 소리가 들리지 않았다. 밤은 그대로 깊어 갔다.

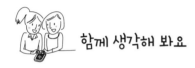
함께 생각해 봐요

1. 친구에게 상처를 입힌 주탁이의 잘못에 대해 주탁이네 가족의 반응은 왜 올바르지 않은 걸까요? 왜 그렇게 생각하나요?

2. 아이들의 싸움이지만 때로 어른이 나서야 할 경우가 있나요? 어떤 경우이며 왜 그렇게 생각하나요?

3. 만약 그 자리에 소미가 있었다면 주앙이네 가족의 반응에 대해 어떤 기분이 들었을까요? 그런 기분이 든 이유는 무엇인가요? 만약 내가 소미라면 어떤 기분이 들까요? 그 이유는 무엇일까요?

4. 이 책을 읽는 여러분은 소미의 실제 사정에 대해서 잘 알고 있습니다. 이를 바탕으로 볼 때 이 시리즈의 이전 책인 『학교생활 나라면 어떻게 할까?』의 에피소드 17 「아마 도와준 애도 자소서 써야 했나봐」 편에서 주앙이의 말과 그 말을 듣는 친구들의 잘못은 무엇일까요? 그리고 그 원인을 제공한 주앙이 가족의 잘못은 무엇일까요?

5. 4번과 관련하여 볼 때 스스럼없이 자기 생각을 말하고 맞장구치는 가족 내에서 특히나 조심해야 할 일이나 생각은 무엇일까요? 그리

고 그러한 말과 행동으로 인해 우리는 다른 친구들과 사람들에게 어떤 피해를 끼칠 수 있을까요?

6. 사과를 요구한 소미 아빠에게 보인 주앙이네의 반응에 대해 소미 아빠는 어떤 기분이 들었을까요? 내가 만약 소미 아빠라면 주앙이 부모에게 어떤 말을 하고 싶은가요?

7. 주앙이와 주탁이네 가족은 소미 아빠에게 어떻게 행동했어야 하나 요? 왜 그러한가요?

8. 이와 유사한 상황을 직접적으로든 혹은 간접적으로든 경험한 적이 있나요? 어떤 경우이며, 그때 여러분의 기분은 어떠했나요? 어떤 방 식으로 상황이 해결되어야 한다고 생각하나요? 그것은 올바른 것인 가요? 왜 그렇게 생각하나요?

함께 읽는 어른들에게

가족 간의 도리와 예의를 이야기할 때 우리 가족뿐만 아니라 이웃 가족과의 예의도 간과할 수 없습니다. 요즘엔 가족 이기주의로 자기 가족의 모든 행위는 옳고 다른 가족의 행동은 그르다고 생각하는 경향이 종종 나타나기도 합니다. 그것은 모든 인간은 자신에 대한 관대함과 타인에 대한 엄격함이라는 본성적 편향을 갖고 있기 때문입니다.

이러한 인간의 경향성을 귀인오류fundamental attribution error와도 연결 지어 생각해 볼 수 있습니다. 우리는 자기 자신에 대해선 '상황'을, 타인에 대해서는 그 사람의 '성향'을 고려하는 경향이 있습니다. 다시 말해 자기의 문제는 환경 탓이지만, 다른 사람의 문제는 그 사람 탓이라는 논리입니다.

가족 내에서의 스스럼없는 대화는 가족이 자신의 지지자가 된다는 긍정적인 점이 있습니다. 하지만 자기가 원하는 말이나 추측만으로 쉽게 동조와 동의를 얻게 되고, 이를 통해 확증편향을 강화하기도 합니다. 즉, 잘 알지 못하는 사실에 대해 쉽게 사실이라고 확정하는 잘못을 저지를 수 있다는 것입니다. 이는 다시 자녀들에게 영향을 미칠 수 있으며, 다른 사람들에게 피해를 끼칠 수 있습니다. 따라서 가족 내의 대화에서도 삼가거나 주의를 기할 필요가 있는 것입니다.

아이들과 함께 본 에피소드를 읽으며 가족끼리 서로 예의를 지키고 존중해야 함은 다른 가족에 대해서도 동일하다는 것을 알려 주시기 바랍니다. 이를 통해 주앙이네 가족에게 있는 문제는 근본적으로 무엇인지, 무엇이 그것을 강화시켰는지, 그리고 오히려 주앙이네 가족이 큰소리치는 것은 무엇이 문제인지 등에 대해서 깊이 있는 이야기를 나누어 보기를 바랍니다.

아울러 외부적으로 평판이 좋다는 것과 실제 그 사람의 됨됨이는 어떤 관련이 있는지 토론해 보세요. 앞선 책 『학교생활 나라면 어떻게 할까?』와 같이 이로 인해 그릇된 판단을 내리거나 선한 이웃에게 더 큰 피해를 줄 경우에 대해서 이야기해 보고, 이에 대한 대비에 관해서도 의견을 나누어 보길 바랍니다.

저번 설에도 시댁에 먼저 갔다 왔잖아!

외가와 친가

아직 더위가 남긴 했지만, 어느덧 가을로 들어서고 있었다. 학교에서도 행사가 많았지만, 다른 친구들 가족과 마찬가지로 예진이 가족도 각종 행사와 추석 등으로 이것저것 준비하느라 바빴다.

"예진 아빠. 고모네 결혼식은 어떡해? 나도 사촌 동생 결혼식이 있는데."

"따로따로 가야지. 친척들이니 축의금만 보내기는 좀 그렇고."

"그리고 추석 때 부모님께는 얼마씩 드리지?"

"부모님들께는 모두 똑같이 드려야지."

예진이는 용돈 받을 생각이 가득했지만, 부모님들은 용돈 드릴 생각이 가득한 듯 보였다. 예진이는 이번에 용돈 받으면 뭘 살까 상상에 빠져 있었다. 받는 용돈의 액수에 따라 뭘 사고 싶은지 야무지게 생각하던 예진이를 공상의 세계에서 빠져나오게 한 건 역시 부모님의 대화 때문이었다.

"올해 추석은 아무래도 우리 집에 먼저 가 봐야 하지 않나 싶어?"

아빠의 말에 즉각적으로 엄마의 반응이 나왔다.

"아니 왜? 저번 설에도 시댁에 먼저 갔다 왔잖아?"

"그때 막내가 결혼하고 처음으로 인사하러 오는데, 아무래도 있어야 하지 않나 해서."

"아가씨 오는데 왜 우리가 꼭 가서 봐야 하는데?"

"아무래도 결혼해서 첫인사니까 그거 겸해서 모이자는 거겠지."

"그래도 그렇지. 나도 집에서 엄마 아빠가 기다리고 있어. 아가씨만 부모님이 있는 게 아니라고."

"알아. 하지만 동생이 결혼하고 나서는 처음 오는 거라⋯."

"시댁 가면 갔다가 그냥 오는 게 아니잖아."

"아무래도⋯."

"이것 봐. 일단 가면 자고 와야 하는데, 그럼 친정은 또 뒷전이 되잖아. 저번 설에도 아가씨 결혼하는 사람이 온다고 아버님이 다 모이라고 했잖아. 그때도 양보했는데 이번에도 또 양보하라니 너무한 거 아냐?"

아빠는 아무 말도 하지 않았다.

"당신 또 그렇게 얼렁뚱땅 넘어가려고?!"

부모님의 실랑이를 들으며 예진이도 어느 쪽이 더 좋을지 생각해보았다. 아빠 쪽은 형제가 많다 보니 덩달아 사촌도 많았다. 수줍은 모습을 자주 보이는 예진이는 종종 꿔다 놓은 보릿자루처럼 느껴질 때가 많았다.

하지만 외가는 사촌 형제가 많지 않아 외할아버지와 외할머니에게 관심을 받았고, 외삼촌이나 이모들도 예진이에게 잘 대해 주었다. 하지만 사촌 동생들이 어려서 같이 놀기보다는 돌봐 줘야 할 때가 많았다.

예진이는 자신에게 관심이 많은 것도 적은 것도 마음에 안 들었고, 혼자 덩그러니 있는 것도, 동생들을 돌봐야 할 때가 많은 것도 마음에 안 들었다. 부모님이 다투는 와중에 예진이는 생각했다.

"좀 있다가 자기 편들어 달라며 나한테 결정해 보라고 할 텐데 어떻게 해야 하지?"

마치 앞날을 예언하듯 혼잣말을 하며 예진이는 고민에 빠졌다.

1. 가족 방문이 있으니 양보하라는 아빠를 보며 엄마는 어떤 기분이 들었을까요? 왜 그러한가요?

2. 아빠와 엄마의 의견 중 누구의 의견이 더 타당하다고 생각하나요? 왜 그렇게 생각하나요?

3. 명절이나 가족 행사가 있을 때 친가와 외가 중 방문의 우선순위를 정하느라 갈등이 있었던 적이 있나요? 어떤 상황이었고 어떻게 해결했나요? 그 해결 방법은 합당했다고 생각하나요? 그 이유는 무엇인가요?

4. 내가 미래에 가족을 형성하게 된다면 남편이나 아내로서 친족 방문에 있어 어떠한 기준을 마련하고 싶은가요? 그것은 합리적인 것인가요? 그렇게 생각하는 이유는 무엇인가요?

함께 읽는 어른들에게

인생에 있어 아이들이 많은 영향을 받게 되는 것은 연결과 관계망입니다. 사회적 관계망, 특히 가족 및 친족 간 관계망은 경제적, 논리적, 정치적 차원과는 다른 면을 지닙니다. 인생이라는 항해를 할 때는 이해타산적인 관계가 아닌 친밀감, 유대감, 그리고 도덕적 윤리적 연결이 더 큰 영향을 주기도 합니다.

아이들이 성인이 되면서 자아에서 가족 그리고 친척으로 확장되는 관계성은 사회적 관계성과 또 다른 측면을 지니기에 이러한 관계에 대해 깊이 있게 이야기 나누어 보기를 바랍니다. 예를 들어 아이들이 생각하는 친족의 의미, 범위, 상호 간 책임 등이 무엇인지에 관해서 의견을 나누는 것입니다.

아이들이 '나'로부터 시작되는 관계망 확장 속에서 공감, 배려, 책임의 대상을 넓혀 가게 해 주세요. '나 → 가족 → 친족/친구 → 학교/사회/국가 → 인류'로 넓히며 아이들이 그들에 대해 지닌 감정과 생각을 들어 보기를 바랍니다. 아이들이 인성을 뒷받침하여 도덕적 정체성을 형성해 가도록 관계성 안에서 책임감 있게 자신의 삶을 수시로 되돌아보게 할 필요가 있습니다.

일하는 사람 따로, 먹는 사람 따로

성별에 대한 고정 관념

영서네는 추석 전날부터 큰아버지 댁에 와 있었다. 집안의 여자들은 추석 차례상에 올릴 음식 만들기에 분주했고, 영서는 아빠와 삼촌들 그리고 사촌들과 함께 거실에 있었다. 어른들은 거실에서 이야기하며 TV를 보고 있었고, 아이들은 스마트폰으로 게임을 하거나 너튜브를 보고 있었다.

전을 부치던 영서 엄마가 거실 쪽을 힐끔힐끔 보다 안 되겠다 싶었는지 자리에서 일어나 거실로 왔다.

"여보, 와서 이것 좀 도와줘."

"뭔데?"

삼촌과 이야기하던 영서 아빠가 약간 짜증을 내며 엄마를 바라봤다. 엄마도 미간을 살짝 찌푸렸다.

"여기 와서 상도 좀 옮기고 행주로 닦아줘."

"그걸 지금 당장 해야 해?"

아빠가 퉁명스러운 목소리로 말하자 부엌에서 이 모습을 보던 할머니가 한마디 했다.

"애비는 그동안 일하느라 힘들었을 텐데 좀 쉬게 놔두지 그러냐? 모처럼의 연휴인데."

"어머님도…. 지금 일손이 부족한데 노는 손들이 많아서 그래요. 막내 동서도 임신해서 일할 사람이 없잖아요."

"원, 영서 어멈도…. 우리끼리 찬찬히 하면 되는 걸…."

영서 아빠가 일어나자 삼촌들도 자리에서 일어나 뭔가 일하기 시작했다.

불똥은 영서에게도 떨어졌다. 엄마는 스마트폰으로 게임을 하던 영서를 가만두고 싶지 않았던 것 같다.

"영서 너도 그만 놀고 이리 와서 전 좀 담아."

영서는 불만 가득한 기색을 드러내 보였지만, 엄마의 매서운 표정에 싫다는 혼잣말을 내뱉으며 엄마를 따라갔다. 영서는 다른 애들도 데려가라고 말하고 싶었지만, 엄마는 더 이상 다른 말을 하지 않았다.

전을 부치는 동안 아빠와 삼촌들은 벌써 하던 일을 마치고 다시 아까처럼 거실에 모여 떠들고 있었다. 전 부치는 일을 돕던 영서는 이따금 애들이 노는 거실 쪽을 바라보았다. 게임하다 중간에 그만둬야 했던 영서는 거실에서 노는 사촌들을 보자니 짜증이 몰려왔다. 하지만 어른들 앞이라 참고 있었다.

전을 부치던 중 할머니는 임신한 막내 숙모 이야기를 하다가 영서 엄마에게 화제를 돌렸다.

"영서 어미야?"

"네."

"너는 늦었지만 그래도 둘째 소식 없냐?"

"아, 아직요."

엄마가 난처해하는 것 같다고 느끼자 영서는 은근히 통쾌한 기분이 들었다. 다른 한쪽에서는 거실에 있는 삼촌과 할아버지를 위해 숙모들이 과일을 깎고 있었다.

"영서 혼자면 나중에 외롭지 않겠니? 형제라도 있어야지."

"…."

"요즘 사람들은 애도 안 낳고 산다지만, 키울 때만 힘들지 다 키우면 그렇게 든든할 수가 없어."

"…."

엄마는 곤란한 상황이라고 생각한 듯 화제를 돌리기 위해 영서에게 일을 시켰다.

"영서야, 저기 숙모가 깎은 과일들 삼촌들하고 할아버지께 갖다 드려."

"그런데 엄마 나도 다른 애들처럼 놀면 안 돼? 전 부치는 거 재미없단 말이야."

"너도 일 돕는 거 배워야지."

영서는 자기보다 나이 많은 사촌 오빠와 사촌 언니도 있는데 자기에게만 일을 시키는 엄마를 이해할 수 없었다. 은근히 편들어 줄 거라 생각한 할머니도 미소만 지을 뿐 아무런 지원도 해 주지 않아 영서는 야박하다고 느꼈다. 숙모와 함께 과일과 음식을 나르는 사이 한가위 전날 밤이 깊어만 갔다.

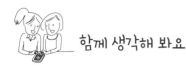

1. 명절에 영서 엄마와 할머니가 하는 일들은 당연한 것인가요? 이를 바라보는 영서의 기분은 어떤가요? 왜 그렇게 생각하나요?

2. 추석과 같은 명절에 음식을 준비하는 데 여자의 일과 남자의 일이 따로 존재하나요? 그렇게 생각하는 이유는 무엇인가요?

3. 할머니가 가진 명절 때 여성의 역할에 대해 어떻게 생각하나요? 영서 할머니의 생각은 합당한 것인가요? 왜 그렇게 생각하나요?

4. 명절 때 우리의 가정에서 아빠와 엄마의 역할은 무엇인가요? 이러한 역할의 장점과 단점은 무엇이라고 생각하나요? 그 이유는 무엇인가요?

5. 만약 내가 결혼하여 가정을 꾸리게 될 경우, 명절이 되면 아빠 또는 엄마로서 어떤 역할을 하게 될 거라고 생각하나요? 그렇게 생각하는 이유는 무엇인가요?

함께 읽는 어른들에게

예전보다는 많이 회석되었지만, 여전히 우리 사회에는 남성과 여성의 역할에 대한 고정 관념이 존재합니다. 이것은 특히 명절 때 여실히 드러납니다. 선생님, 부모님은 아이들과 함께 명절 모습을 묘사하면서 남성과 여성의 역할에 대해 아이들에게 편견은 없는지 확인해 보시기 바랍니다.

인간이 지닌 고유한 특성을 인정하는 것과 이것에 대해 편향된 시각을 갖는 것은 구분할 필요가 있습니다. 최근 여성의 사회 진출이 과거에 비해 상당히 증가한 만큼 가사 분담도 당연시되고 있는 현상도 이야기 나누면 좋겠습니다.

본 에피소드는 성별 차이에 의한 일의 배분보다는 '일하는 사람과 그렇지 않은 사람'이 나누어져 있고 그에 따른 스트레스를 생각해 보게 하는 것이 중요한 지점입니다. 아이와 함께 일을 배분하는 기준에 대해 이야기 나누어 보기를 바랍니다. 또한 일가친척이 모이는 명절과 연결해 생각해 보는 방식으로 질문을 구성해 볼 수도 있습니다.

명절엔 여행 가면 안 돼?

명절의 참된 의미

추석 연휴 동안 미정이네는 짧은 해외여행을 갔다가 이제 막 집에 도착했다. 아빠와 엄마는 면세점 쇼핑 때문인지 꽤 기분이 좋은 듯했다.

"이것 봐. 이 에센스는 한국에서 사려면 사오만 원 더 비싸."

화장품을 잔뜩 꺼내 들며 신나 하던 미정이 엄마가 이번에는 옷가지를 꺼내 보이며 말했다.

"이거 당신 셔츠인데 한국에서 사려면 십만 원 넘어. 이 가격이면 거의 거저야."

무엇인가 횡재한 듯 기뻐하는 엄마를 보며 미정이도 웃음을 지어 보였다. 미정이는 해외여행을 갈 때마다 구경이나 쇼핑보다는 비행기에서 음식을 먹거나 영화를 보면서 한없이 시간을 보내는 것이 더 좋았다. 잠시 앉아 쉬고 있는 아빠에게 미정이가 물었다.

"아빠는 여행 좋아해?"

아빠가 웃으며 답했다.

"너랑 엄마가 좋아하면 그걸로 된 거지?"

"매번 아빠가 짐 다 들고 다니느라 힘들어서 그렇지?"

"그런 것도 있고. 하하. 그래도 아빠 챙기는 건 미정이밖에 없네."

"미정이 너 너무 아빠만 편애하는 거 아냐?"

"당신이 나한테 관심이 없는 거겠지! 하하하."

"당신이 미정이한테 내 험담을 해서 그런 건 아니고?"

짐을 풀고 정리하는 동안 아빠는 소파에 앉아 그동안의 문자와 이메일을 확인했다. 잠시 후 아빠에게 전화가 걸려왔다. 그 소리에 엄마와 미정이가 아빠 있는 곳을 바라보았다.

"여보세요? 어… 형…."

아빠의 얼굴이 살짝 굳어졌다. 미정이도 살짝 긴장하며 조용히 있었다. 엄마가 미정이에게 조그만 소리로 물었다.

"누구?"

"큰아버지 같아."

미정이가 소곤거리듯 엄마에게 답해 주었다. 그동안 아빠의 얼굴은 아까보다 더 굳어져 있었다.

집안이 조용하다 보니 통화하는 소리가 꽤 또렷하게 들렸다.

"너 왜 추석 때 안 왔냐?"

"저번에 말했잖아. 가족 여행 좀 다녀오겠다고."

"그렇게 너 하고 싶은 대로 하면서 통보만 하면 그만이냐?"

"…"

"어머니랑 아버지가 기다리신 거는 알고 있어?"

"그래서 미리 부모님 뵙고 왔어."

"명절은 일가친척 다 모이는 날인데 미리 얼굴만 살짝 비치고 네 가족만 쏙 빠지면 되냐고?"

아빠는 큰아버지와 나이 차이가 많이 나는 막내였다. 형제라고는 하지만 세대 차이가 나 보였다.

"그래서 부모님께 가서 먼저 허락받았다고 했잖아."

"부모님이야 네가 해 달라고 하니까 그대로 해 주고 싶어서 그러셨겠지."

아빠는 더 이상 별말 안 했지만, 큰아버지의 질타는 계속됐다.

"명절 내내 너희 가족 안 보인다고 섭섭해 하셨다고!"

"…"

"그리고 너네만 그렇게 여행 가면 명절에 온 사람들은 뭐가 되냐? 우리는 여행 다니고 싶지 않아서 온 줄 알아? 이 자식아. 형수들한테 미안하지도 않아? 네 부인하고 자식만 중요해?!"

　미정이는 아빠가 잠시 욱하는 모습을 봤지만, 아빠는 그래도 참고 있었다. 통화가 끝난 후에도 아빠의 얼굴은 굳어 있었지만, 딱히 아무 말 하지는 않았다. 미정이 엄마가 큰아버지의 반응에 대해 불만을 표했지만, 그에 대해서도 별말이 없었다.

　잠시 후 아빠는 할아버지와 할머니에게 전화했다.

함께 생각해 봐요

1. 큰아버지의 전화를 받고 아빠는 어떤 기분이 들었을까요? 왜 그러했다고 생각하나요?

2. 동생인 미정이 아빠에게 전화를 건 큰아버지의 기분은 어떠한가요? 왜 그러한가요?

3. 큰아버지가 아빠에게 한 일종의 꾸지람은 합당한 것인가요? 왜 그렇게 생각하나요?

4. 명절 때 친척 집 방문이 아닌 가족 여행을 다녀온 경험이 있나요? 있다면 당시에 친족 사이에서 문제가 되지는 않았나요? 왜 그랬나요?

5. 내가 미정이 부모님이라면 명절 가족 여행에 대해 어떻게 했을 것 같나요? 그렇게 하고자 하는 이유는 무엇인가요?

6. 명절 때 친족 간 방문이 갖는 의미는 무엇인가요? 이것은 꼭 지켜야 하는 것인가요? 왜 그렇게 생각하나요?

7. 내가 장래에 가족을 형성하게 될 경우, 명절은 어떻게 보내고 싶은 가요? 그렇게 생각한 이유는 무엇인가요?

함께 읽는 어른들에게

본 에피소드를 통해 부모님, 선생님은 아이들과 함께 우리가 전통적으로 가져온 명절날의 의미와 현대의 의미를 비교해 보시기 바랍니다. 명절에 되새기는 가족 문화의 퇴색 여부와 관련하여 아이들은 어떠한 관점을 갖고 있는지 그리고 바람직한 견해는 무엇인지 토의해 보시기를 권합니다.

예로부터 명절날은 가족과 친지가 모이는 구심점 역할을 해 왔습니다. 이런 가족 간, 친족 간의 모임의 의미에 관해서도 이야기 나누시기 바랍니다. 예를 들면, 아이들에게 추석이나 설날이 주는 정서와 추억은 무엇인지를 떠올려 보게 할 수도 있습니다.

근데 넌 누구니?

가족이 되는 조건

병원에서 소미에게 전화가 온 것은 학교 수업이 막 끝났던 시점이었다.

"여보세요? 여기 중환자실인데요."

"네?!"

간호사 언니는 그동안 중환자실에 있던 소미 엄마의 의식이 돌아왔다는 소식을 전했다. 중환자실의 보호자 목록에 소미의 전화번호가 맨 위에 있어 소미에게 먼저 전화가 온 모양이었다.

엄마의 사고 이후 담담해졌던 소미의 마음이 다시 심하게 두근거렸다. 목이 메는 느낌이 들 정도였다. 마음은 급했지만 아무래도 목발을 짚는 상태에서는 속도를 내기 힘들었다.

"죄송합니다. 좀 급해서요."

목발을 짚고 급하게 걷다 보면 사람들은 가끔 투박하고 거칠게 지나가는 것처럼 느끼기도 했다. 깜짝 놀란 사람들을 보며 소미는 연거푸 미안하다는 인사를 했다.

병원에 다다랐을 때 마침 아빠도 병원에 도착해 있었다. 소미와 아빠는 중환자실 앞에서 잠시 숨을 골랐다가 문 옆 초인종을 눌렀다. 엄마의 이름을 대며 보호자가 왔다고 말하자 중환자실 출입문이 스르륵 열렸다.

소미와 아빠는 손을 씻고 천천히 중환자실 안으로 들어갔다. 간호사가 나와 두 사람에게 오늘 있었던 일을 설명하며 소미 엄마의 병상 쪽으로 두 사람을 인도했다.

중환자실은 언제나처럼 환자들 대부분이 그대로 누워 잠들어 있었다. 다만 어떤 할아버지가 항상 병문안을 오던 할머니의 병상 하나가 비어 있어 뭔가 휑하다는 느낌이 들었다.

안쪽으로 좀 더 들어가면 소미 엄마의 병상이었다. 엄마는 침상에 누워 눈을 감고 쉬고 있었다. 간호사 언니는 엄마 옆에서 조용조용히 말을 걸었다.

"환자분, 가족들 오셨어요."

그러자 잠시 후 엄마가 피곤한 얼굴로 눈을 떠 머리맡에 있던 아빠의 얼굴을 바라보았다. 힘이 없던 눈동자에 초점이 잡히더니 입을 열었다.

"여…여보…."

오랜 입원으로 인해 수척한 얼굴의 엄마는 입술이 메말라 있어 겨우 힘을 내어 말하는 듯했다. 아빠의 두 눈에는 눈물이 맺혔다.

"내가 누군지 알겠어? 그동안 얼마나 고생했어?"

"여…기… 어디?"

"병원이야, 병원. 쓰러지고 나서 그동안 의식 없이 누워 있었어."

"아…?"

"어…. 애들이랑 다들 걱정했어."

"애들?"

"여보, 여기 소미도 와 있어. 둘째도 이제 할머니랑 올 거야."

아빠는 엄마가 볼 수 있도록 소미를 옆으로 끌어당겨 서게 했다.

"엄마, 엄마…. 나 왔어!"

엄마는 다시금 힘을 내 소미의 얼굴을 뚫어져라 바라보았다. 소미도 엄마의 손을 잡고 눈을 마주쳤다. 그러자 소미 엄마가 불쑥 이야기했다.

"근데 넌 누구니?"

순간 아빠와 소미의 얼굴이 굳어졌다.

함께 생각해 봐요

1. 병원에서 소식을 받고 엄마를 만나러 가는 소미의 심경은 어떠할지 자세히 설명해 보세요. 왜 그러한 기분을 소미가 갖게 된 것일까요?

2. 소미는 자신을 못 알아본 엄마를 보고 어떤 기분이 들었을까요? 왜 그러한가요? 엄마에 대한 소미의 마음이 달라질 수 있을까요?

3. 만약 한 가족 구성원이 더 이상 다른 가족 구성원을 알아보지 못하게 될 경우에 다른 가족은 어떠한 심경일까요?

4. 가족 간에 갖는 기억은 어떤 의미를 가질까요? 왜 그러한가요? 위 사례를 바탕으로 생각해 봅시다.

5. 서로에게 가족으로서의 기억이 남아 있지 않다면 가족이라고 할 수 있을까요? 여전히 가족이라고 생각한다면 다른 사회관계와 비교해 볼 때 어떤 차이로 인해 가능하게 되는 것일까요?

6. 위의 질문들을 고려해 볼 때 행복하고 좋은 가족을 만들기 위해 노력할 점은 무엇이라고 생각하나요?

함께 읽는 어른들에게

본 에피소드는 크게 두 가지에 주안점을 두고 아이들과 이야기하기를 바랍니다.

첫째, 아이들이 소미, 소미 아빠, 소미 엄마 각각의 입장에 서 보도록 도덕적 상상력을 확장시켜 주시기를 바랍니다. 각 인물에 대한 객관적 입장에서의 평가와 실제 그 인물이 되었을 경우 느끼는 점들로 구분하여 다양한 관점에 서 보는 능력을 향상시키는 것이 목표입니다.

둘째, 가족 간의 연대감, 친밀감, 유대감을 유지하는 것 가운데 상호 간 갖는 기억이 어떠한 역할을 하는지 토의해 보시기 바랍니다. 예를 들어 가족에 있어 추억이란 어떤 의미인지, 만약 기억이 없어지게 된다면 어떻게 되는지, 어떤 상황이 벌어질 것인지, 기억이 없어 가족끼리 소원해진다는 것은 어떤 의미인지 등에 대한 의견을 나누어 보기를 바랍니다.

또한 가족 구성원의 기억이 상실될 경우 가족 관계가 끊어진다고 생각하는지, 무엇이 가족으로서 이어지게 한다고 보는지 등에 대해서도 아이들이 생각해 보도록 격려하기를 바랍니다. 아이들은 이러한 과정을 통해 도덕적 상상력을 키우고 가족의 진정한 의미에 대해서 고민하게 될 것입니다.

자녀분들은 안 오세요?

자식의 도리

　오인남 할아버지는 아내의 장례식장에 있었다. 중환자실에서 아내가 운명했다는 소식을 들었을 때도 할아버지는 그저 담담히 서 있었다. 아내의 장례식을 준비하면서 할아버지는 대부분의 시간을 그저 홀로 멍하니 앉아 있었다.

　장례식을 준비하는 직원들은 할아버지에게 와서 주문을 어떻게 할지 일일이 물어보곤 했다. 나이가 많은 오인남 할아버지는 그럴 때마다 고개를 살짝 흔들며 크게 말해 줄 것을 부탁했다.

　"상주님, 여기 식사는 어떤 식으로 할까요? 떡은 얼마나?"

　"내…내가… 나이가 좀… 있어서… 귀가… 시원치 않아….'"

　"상주님, 자녀분들은 없으세요?"

"응?"

"자녀분들 안 오시냐구요!"

"아… 연락해… 놨어요. 다…다…들 바쁘…니까….""

말하는 게 힘들어 보이는 모습이었기 때문에 오는 사람들마다 자녀들은 어디 있냐고 물었다. 아직 할아버지의 자녀 중 누구 하나 장례식장에 온 사람이 없었다.

오후 4시 가까이 돼서 차남이 도착했다.

"며늘아…기는?"

"애 때문에 좀 늦을 거예요."

"가게…는 어…쩌고?"

"그거 때문에 좀 늦었어요."

차남은 상복으로 갈아입으면서 할아버지에게 다시 물었다.

"형하고 형수는 언제 온대요?"

장남은 오인남 할아버지에게 꽤 자랑스러운 자식이었다. 그리 형편이 넉넉지 못한 상황이었으나 장남은 열심히 공부해 검사도 되었고, 풍채도 좋아서 함께 서 있는 것만으로도 자랑거리였다.

얼마나 자랑스러웠는지 슈퍼마켓 계산원에게조차 자식이 검사라는 것을 자랑하고 다닐 정도였다. 게다가 좋은 집안과 결혼해 다들 부러워하는, 그야말로 할아버지의 입장에서는 최고의 자랑거리였다.

"형은 아무리 바빠도 그렇지 전화 한 통 없었어요?"

할아버지의 얼굴에서 싫은 기색이 보였지만, 차남은 개의치 않고 계속 이야기했다.

"형수님은요? 놀러 다니느라 바쁘신 것 같은데…."

"그만…해라…."

"평소에는 세상일 다 하듯 떠들어 대더니만 아직 코빼기도 안 보이네."

끙, 하는 소리와 함께 할아버지의 얼굴이 더욱 찌푸려졌다. 차남의 얼굴은 여전히 불만이 가득해 보였다.

얼마 지나지 않아 막내딸이 도착했다.

"엄마, 엄마…. 불쌍한 우리 엄마…."

슬피 우는 막내딸을 할아버지는 측은히 쳐다보았다. 막내딸은 마음을 진정하고 돌아가신 할머니에 대해 이야기하다가 차남에게 질문하였다.

"큰오빠랑 언니들은 안 왔어?"

그러자 차남이 시큰둥한 표정으로 답을 했다.

"내 와이프는 애 때문에 좀 늦을 거야. 형이랑 형수는 뭐…."

"큰언니는 아웃스타그램에 골프 친 거 자랑하는 사진 계속 올리더니만 뭐가 그리 바빠서 아직 소식도 없어!"

"그러게 말이다."

"큰오빠가 좀 뭐라고 해야 하는 거 아냐? 평상시도 그래서 화가 나더니만 오늘 같은 날에도 그 모양이야!"

오인남 할아버지는 아무 말도 하지 않았다. 그저 손에 쥔 지팡이를 더 난난히 쥐면서 차남과 막내가 참아 주기를 기다렸다. 그러자 막내 딸이 할아버지에게 힘주어 말했다.

"아빠도 한마디 해요. 우리가 하니까 말이 안 먹히잖아요. 아무리 장남, 장남 한다고 하지만…."

그러자 오인남 할아버지는 굳은 표정으로 둘을 바라보며 말했다.

"바쁘…니까… 그렇겠…지…. 너희…들이 참으…면 되잖아."

"아빠는 왜 항상 장남 편만 들어요? 그러니까 저 두 사람이 기고만 장이잖아요."

둘째가 반발하자 막내가 같이 맞장구를 쳤다.

"맞아. 아빠는 장남 편만 들어. 내가 도와달라고 할 때는 본체만체 하시더니만, 큰오빠가 뭐 할 때는 다른 일 다 그만두고 뛰어가시고…."

이젠 일일이 답하기도 힘들어질 정도로 기력이 약해진 오인남 할아버지는 장남 부부가 빨리 오기를 초조히 기다리고 있었다. 서서히 장례식장에 하나둘 조문객이 찾아오기 시작했다.

함께 생각해 봐요

1. 아내의 장례식장에서 자식들을 기다리는 오인남 할아버지의 심경은 어떨까요?

2. 차남과 막내딸은 장남 내외에게 어떤 감정을 가지고 있나요? 왜 그런 마음을 갖게 되었나요? 이들의 장남 내외에 대한 불만은 합당한 것인가요? 그 이유는 무엇인가요?

3. 내가 오인남 할아버지라면 이러한 상황에서 어떤 기분이 들까요? 왜 그럴 것이라고 생각하나요?

4. 내가 오인남 할아버지의 자녀라면 이와 같은 상황에서 어떠한 말과 행동을 할까요? 왜 그렇게 하고자 하나요?

5. 노부모님에 대한 자녀들의 부양은 당연한 의무인가요? 왜 그렇게 생각하나요?

6. 내가 만약 오인남 할아버지라면 장남 내외에 대해 무엇이라고 말하고 싶은가요? 그것은 정당한 것인가요? 왜 그러한가요?

7. 부모에 대한 자녀의 도리는 어떤 것들이 있을까요? 왜 그렇게 생각
하나요?

최근 자녀들의 부모 봉양에 대한 의미는 매우 퇴색했습니다. 자녀들이 어릴 때부터 거동이 어려워지면 노인 요양원에 가겠다고 미리 선언하는 부모님들도 상당히 많습니다.

본 에피소드는 오인남 할아버지라는 한 개인의 가정사에 대한 이야기로 접근하기보다 아이들이 생각하는 부모 봉양奉養의 의미를 나누는 계기로 활용하시기 바랍니다. 자녀로서 마땅히 부모에게 해야 할 도리가 무엇인지, 부모를 사랑한다는 것은 어떤 의미를 갖는 것인지를 중심으로 아이들의 솔직한 견해를 들어 보고 부모님, 선생님의 생각을 들려 주기를 바랍니다.

엄마가 다 하면 되잖아!

공동체 생활에 필요한 규칙

"경만아! 경만아!"

오늘도 화장실에서 경만이와 경만이 엄마의 실랑이가 벌어지고 있다.

"너 도대체 어떻게 화장실에서 이십 분 넘게 있어? 어?"

"알았어! 금방 나갈게."

하지만 경만이가 바로 나온 것은 아니었다. 5분 정도 지났을까? 엄마가 화가 나서 화장실 문을 확 열었다.

"야! 너 게임하느라 화장실에서 시간 보내고 있지? 동생 기다리고 있단 말이야."

"화장실 문은 왜 갑자기 확 열어!"

"화장실을 너만 써? 너만 쓰냐고! 잔말 말고 빨리 나와. 동생도 써야지!"

"알았어! 알았어!! 진짜!!!"

경만이는 오히려 화를 내며 스마트폰을 들고 화장실을 나왔다. 엄마의 호통이 계속 이어졌다.

"너 앞으로 화장실에 폰 들고 가지 마! 화장실 혼자 써?!!"

한참 동안 참고 있던 동생이 급하게 화장실에 들어가는 동안 경만이는 잠자코 방에 들어가 아까 하던 게임을 계속하고 있었다.

"넌 폰하고 사냐, 살아? 화장실에서도 하고 방에서도 하고⋯ 어째 손에서 놓지를 못해?!"

사실 경만이가 매일 그런 것은 아니었지만, 나온 지 얼마 안 된 신작 게임에 정신이 팔려 있어 며칠 동안 게임을 쥐고 손에 놓지 않은 것은 사실이었다. 하지만 방에서 하고 있으면 아빠나 엄마가 공부를 안 한다고 잔소리를 하기 때문에 화장실에서 하던 차였다.

"엄마! 엄마! 화장지가 없어!"

엄마가 화장지를 갖다 놓는 사이 경만이는 멍하니 앉아 있었다. 게임을 계속하기도 힘들거니와 엄마와의 실랑이에 화가 나서 게임도 손에 안 잡혔기 때문이다. 엄마가 다시 경만이 방으로 들어오자 경만이는 다짜고짜 엄마에게 화를 냈다.

"지금은 게임 안 하잖아!!!"

"뭘 잘했다고 화를 내?! 얘는."

"그럼 게임도 안 하는데 왜 들어왔냐고!"

"너 화장실에서 화장지 다 쓰면 어떡하라고 했어?"

"화장지가 뭐!"

"화장지 떨어지면 갖다 놓으라고 했잖아."

"그러면 화장실에 있는 사람이 하면 되잖아!"

"화장실에서 일 보는데 어떻게 화장지를 갖다 놓느냐고!"

게임에 이어 화장지 채우기에 대한 엄마의 설교가 이어졌다.

"마지막에 쓴 사람이 불도 끄고 나오고, 밥 다 먹었으면 그릇 개수 대에 가져다 놓고!"

"알았어, 알았다고!! 그런데 엄마가 그렇게 잘 알면 엄마가 하면 되잖아! 왜 나한테만 그러냐고!"

"엄마가 맨날 너 뒤치다꺼리나 해야 해? 그리고 동생은 아직 어리 잖아!"

"걔도 다 컸다고! 맨날 동생 편만 들고…."

"네가 형이잖아! 그리고 동생은 잘하고 있어. 자기가 제대로 안 하 는 생각은 안 하고…."

하지만 엄마의 잔소리는 여기서 끝나지 않았다.

"그리고 방구석이 이게 뭐야? 어지르는 사람 따로 있고 치우는 사람 따로 있어?!"

"…."

줄곧 엄마를 쏘아보던 경만이는 막 화장실에서 나오는 동생에게 눈길을 돌렸다. 그리고 버럭 소리쳤다.

"야!! 너 화장실에 불 안 꺼!"

이렇게 소리치며 경만이는 기세등등하게 엄마를 다시 쏘아보았다. 동생이 말없이 화장실 불을 끄자 경만이가 그거 보라는 듯이 입술을 씰룩거렸다.

"아니, 왜 소리를 쳐. 누가 보면 자기가 되게 잘한 줄 알겠네! 너나 잘해! 알았어?"

경만이가 씩씩거리면서 엄마에게서 고개를 돌렸다.

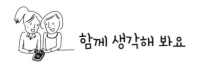
함께 생각해 봐요

　가족도 엄연한 공동체입니다. 공동체 생활은 여러 사람이 함께하는 것이기에 지켜야 할 예의가 있습니다. 이것은 가족 공동체도 동일합니다. 부모님, 형제자매 때로는 조부모님과 생활하면 서로 준수해야할 다양한 생활 규칙과 예의가 있습니다.

　총체적으로 집안일이란 부모님만의 일이 아니라 가족 모두의 일이라는 것을 깨달을 필요가 있습니다. 이러한 인식이 있은 연후에야비로소 가족의 일과 관련하여 바람직한 시야와 관점을 정립할 수 있기때문입니다.

1. 화장실에서 불려 나온 이후 엄마의 지적에 경만이는 지금 어떤 기분인가요?

2. 경만이의 행동을 나무라는 엄마에게 짜증을 내는 태도는 올바른 것인가요? 왜 그렇게 생각하나요?

3. 내가 경만이 엄마라면 이와 같은 상황에서 어떻게 이야기하고 싶나요? 그렇게 하고 싶은 이유는 무엇인가요?

4. 경만이와 경만이 엄마의 갈등의 원인은 무엇이라고 생각하나요? 이러한 가족 간의 갈등을 해결하는 가장 좋은 방법은 무엇인가요? 왜 그러한가요?

5. 반복되는 일상생활 습관으로 부모님께 꾸중을 들은 적이 있나요? 무엇 때문이며 그때 기분은 어땠나요? 그러한 감정은 정당한 것인가요? 왜 그런가요?

6. 가족 공동체 생활에서 기본적으로 인지하고 지켜야 할 예의는 어떤 것들이 있나요? 왜 이러한 것들이 중요한 것일까요?

함께 읽는 어른들에게

집에서의 아이들은 때때로 부모님의 보살핌에 기대어 무한히 뒷마무리를 해 주길 바라는 경우가 있습니다. 이것은 습관이 되어 장차 아이들이 스스로 더 많은 책임을 져야 하는 시점에 어려움을 불러일으킬 수 있습니다.

부모님, 선생님은 아이들이 스스로 할 수 있는 집안일이 무엇인지 생각해 보도록 하기를 바랍니다. 이것은 인성적인 측면에서도 매우 중요합니다. 예를 들어 뒷마무리하는 습관은 인성적으로 성실감, 책임감 등을 키워 줄 수 있습니다. 그리고 동시에 학습 측면에서도 근면하고 책임감 있는 사람이 되도록 돕습니다.

또한 부모와 자녀, 선생님과 학생은 서로 대화하는 법을 배우고 연습해야 합니다. 아이들과 어떻게 대화해야 할까요? 연구자들은 양육자가 어린아이에게 반복적으로 소리를 지르거나 화를 내고 몸을 붙잡고 흔드는 것만으로도 아이의 정서, 사회성, 도덕 발달에 좋지 않다고 지적합니다. 그뿐만 아니라 이러한 것들이 아이의 두뇌 구조까지 바꿔 놓는다는 점에서 중요합니다.

서로의 기분과 생각을 들어 보는 것으로 시작하는 진정한 의사소통을 해 보기를 바랍니다.

형이 먼저 나 때렸잖아!
형제자매 간 갈등의 올바른 해결

오늘은 아빠가 늦게 퇴근한다고 해서 경만이와 경만이 동생 그리고 엄마는 일찍 저녁을 먹고 별다른 일 없이 한가로운 저녁 시간을 보내고 있었다. 그런데 저녁을 일찍 먹은 탓인지 밤이 되어 아빠가 오실 때쯤에는 경만이 형제 둘 다 출출해져 있었다.

때마침 초인종이 울렸다. 두 형제는 기쁘게 현관으로 달려 나갔다. 아빠가 빈손으로 오지 않았을 거라는 기대감 때문이었다.

"아빠, 다녀오셨어요?"

형제의 인사에 아빠도 화색이 돈 얼굴로 두 아이의 어깨를 토닥였다. 그리고 종이 봉투에 담긴 무언가를 형제에게 건넸다. 엄마가 아빠에게 물었다.

"그게 뭐야?"

"군고구마 팔더라고. 맥반석 위에서 구운 거."

"나도 그거 좋아하는데…."

엄마의 좋아한다는 말에 아빠는 두 개를 빼서 식탁에 두고 나머지는 봉투째 형제에게 건네줬다.

"당신은?"

"나는 지금 생각 없으니까 두 개 다 당신 먹어. 그리고 너희들도 사이좋게 나눠 먹어라."

형제는 "네!" 대답하고 봉투를 들고 방으로 들어갔다.

둘은 손에 고구마를 든 채 노트북으로 보던 만화를 마저 보고 있었다. 그런데 아무래도 고구마를 먹으면서 보다 보니 만화 읽는 속도에 점점 차이가 나기 시작했다.

"좀 기다려 봐."

"왜 이렇게 늦게 읽어! 난 다 읽었단 말이야."

"좀 기다려 봐. 난 아직 다 못 읽었어."

커서를 위로 올렸다 내렸다 하며, 형제 사이에서 조그만 실랑이가 벌어졌다.

"아니, 조금만 더 기다려 보라니까."

"아, 진짜 답답하네…."

커서를 올리고 내리는 두 사람의 손놀림이 살짝 거칠어졌다.

"왜 쳐!"

"내가 언제?"

"쳤잖아!"

"아냐!"

동생은 경만이의 말에 화가 나 씩씩거리기 시작했다. 동생은 심통이 났는지 화면을 빨리 넘기려고 했고, 그걸 막고 되돌리는 경만이의 손짓도 신경질적으로 변했다. 그러다 경만이가 군고구마를 먹으려고 봉투 안에 손을 넣었다. 하지만 봉투 안에는 군고구마 껍데기만 남아 있었다.

"야. 마지막 거 네가 먹고 있냐?"

경만이 동생은 꽤 만족스러운 표정을 지으며 아무 말 없이 만화만 보고 있었다.

"야! 그거 내가 먹으려고 했단 말이야!"

동생은 대꾸도 하지 않고 웃고만 있었다. 경만이는 머리끝까지 화가 치밀어 올랐다.

"이게 정말!"

경만이가 동생을 손으로 밀어 넘어뜨렸다. 그러자 동생도 화가 나서 대들기 시작했다. 동생이 밀치며 들어오자 경만이와 동생의 싸움이 본격적으로 시작했다.

엎치락 뒤치락하며 쿵쾅거리자 경만이 엄마가 급히 방으로 들어

왔다.

"애들이 뭐하는 거야!"

엄마가 뒤엉켜 있는 두 아이를 떼어 놓으려 했지만, 형제를 뜯어 말리기에 엄마의 힘은 부족했다. 엄마는 그만 두 사람에게 발이 걸려 넘어지고 말았다. 그때 아빠가 들어오면서 이 장면을 보았다.

"이놈의 자식들 뭐하는 거야!!!"

아빠의 호통에 형제는 그제야 눈치를 보며 뒤로 물러섰다. 무섭게 변한 아빠의 얼굴에 두 아이가 슬금슬금 꼬리를 내렸다.

"야! 너희들 싸우는 건 둘째치고, 엄마를 넘어뜨려?!! 진짜 한번 제대로 혼나 볼래?"

"저게 자꾸 신경질 나게 하잖아…."

"형이 먼저 나 때렸잖아!"

"이게 정말!"

그러나 경만이는 더 화를 낼 수 없었다. 화가 잔뜩 났지만, 무섭게 노려보는 아빠와 넘어진 엄마에 대한 미안함 때문에 더 이상 말하기 어려웠다.

아빠가 혼내는 동안에도 고개 숙인 형제는 씩씩거리며 곁눈으로 서로를 째려 보았다.

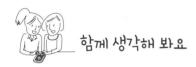

함께 생각해 봐요

형제자매 간에 다툼은 빈번히 일어납니다. 형, 누나, 오빠, 언니의 입장에서는 때로 버릇없이 구는 동생이 얄밉게 느껴지기도 할 것입니다. 그러나 동생들의 입장에서는 좀 더 배려하지 않는 형, 누나, 오빠, 언니가 서운하게 여겨질 때도 있을 것입니다.

1. 경만이는 왜 만화를 보다 동생에게 화가 난 것일까요? 경만이의 행동에 동생은 어떤 기분이 들었나요? 만약 내가 경만이 또는 경만이 동생이라면 이러한 상황에서 어떤 감정과 생각을 하게 될까요? 그 이유는 무엇인가요?

2. 부모님이 경만이와 경만이 동생에게 형제로서 바라는 것은 무엇일까요?

3. 만약 나에게 형제자매가 있다면 주로 어떤 일로 다툼이 벌어지나요? 그러한 다툼에서 어떠한 태도를 취하는 편인가요? 그것은 올바른 것인가요?

4. 내가 만약 경만이 형제의 부모님이라면 이와 같은 상황에서 경만이

와 경만이 동생에게 무엇이라고 말하고 싶은가요? 그 이유는 무엇
인가요? 그리고 이것은 효과적일까요? 왜 그러한가요?

함께 읽는 어른들에게

형제자매가 있는 아이들은 자주 의견 충돌을 벌이거나 심지어 몸싸움을 일으키기도 합니다. 싸우는 이유는 여러 가지가 있을 것입니다. 상대방에 대한 시샘, 부모님의 인정, 단순한 견해 다툼, 순간적인 감정 조절의 미숙 등이 있을 것입니다.

형제자매 간 발생하는 갈등의 해결과 대처를 지도해야 하는 이유는, 이것이 이후 형제자매가 아닌 친구나 다른 이들과 문제가 야기될 때도 유사한 양상을 보이기 때문입니다. 다시 말해 형제자매 간 관계성 형성은 사회관계를 이루는 데 기초가 되기에 아이들이 가정에서부터 다른 사람과 원만하고 합리적인 갈등 해결 방법을 사용하도록 도와야 하는 것입니다.

비폭력적 대화, 평화적 문제 해결 자세 및 태도는 가정에서부터 만들어지는 것임을 아이들에게 인지시키고 연습을 통해 습관을 형성하도록 격려하기를 바랍니다.

도와주러 가야 하지 않을까?

이웃을 도울 용기

민배네는 여름 방학이면 외가에 놀러 간다. 민배 외할머니는 시골에서 혼자 살기 때문에 민배 엄마는 방학 때마다 민배 남매를 데리고 외할머니네로 내려와 지내곤 했다.

"애 아빠는 어쩌고…."

"회사 때문에 같이 못 왔어요."

"밥은 어쩌고?"

"곰탕 끓여 놨어요. 설마 굶기야 하겠어요? 그이 걱정은 하지 마시고 엄마나 걱정하세요."

엄마와 외할머니의 이야기는 항상 이렇게 시작된다. 싫지 않은 여행이지만, 시골이다 보니 아무래도 놀 것이 마땅치 않아 심심하다.

"오늘도 마트나 갔다 와 볼까?"

아이들에게 몇 가지 즐거움은 마트에 가서 아이스크림이나 기타 간식거리를 사다 먹으며 산과 들판을 돌아다니는 일이었다. 오늘도 민배 남매는 아침부터 나가려던 참이다.

"점심 먹기 전에 돌아오고 동생 잘 챙기고…"

"네…"

"마트에서 간식 너무 많이 먹지 말고. 밥 먹어야 하는데 입맛 없어지니까…"

"네, 알아서 할게요."

"차 조심하고. 그리고 맛있는 거 사 준다고 말하는 모르는 사람 쫓아가지 말고!"

"알아요, 알아… 잔소리 좀 그만."

민배가 짜증 섞인 목소리를 냈지만, 할머니 역시 걱정되는지 엄마의 잔소리에 합세했다.

"도로에 차들이 하도 쌩쌩 다녀서 다들 위험하다고 걱정하더라. 애들 사고 날까 봐. 차 조심하렴."

아이들은 어른들의 걱정을 아는지 모르는지 귀찮다는 표정으로 집을 나서기 시작했다.

아이들이 자주 가는 마트는 마을을 가로지르는 4차선 도로의 건너편에 있었다. 게다가 도로가 울퉁불퉁하거나 굴곡이 진 곳에 있어서 부르릉 진동을 만들며 옆에 지나가는 것만으로도 무서울 때가 많았다. 민배는 여동생의 손을 꼭 잡으며 말했다.

"길 안으로 다녀. 알았지? 위험하니까. 알았지?"

동생은 듣는지 마는지 나무 위에서 울고 있는 까치를 보다가 어느덧 논에 우두커니 서 있는 왜가리를 구경하고 있었다.

마트까지 거리가 얼마 남지 않은 길에는 매미도 더위를 먹었는지 도로 위에 떨어져 있었고, 직박구리 두 마리가 매미를 두고 이리 쪼고 저리 쪼고 있었다.

"와, 새다!"

"위험해!"

여동생의 말에 민배는 무의식적으로 손을 잡아끌었다. 새를 가까이 보고 싶어 하던 여동생은 화를 내며 반문했다.

"왜? 지금 차도 없잖아."

"차는 빠르잖아. 도로에서 놀지 말아야 한다고 엄마가 그러셨지? 그리고 어차피 우리가 다가가면 저 새들 도망가. 그러니까 여기서 지켜보는 게 나아."

"히잉…. 나 저 새 키우고 싶어."

"새똥은 네가 치울 거야?"

민배가 나무라듯 말할 때 빠르게 달려오던 트럭 한 대가 모퉁이에서 기우뚱했다. 이내 모퉁이 안쪽으로 트럭에 가득 실렸던 짐이 쏟아져 버렸다. 끼이익~ 쿵!!! 하는 너무나 큰 소리와 진동에 동생은 깜짝 놀라 오빠를 끌어안았다. 난생처음 보는 사고 장면에 민배의 눈도 동그래졌고, 입술도 바르르 떨리고 있었다.

트럭에서 쏟아진 짐들은 도로에 떨어지면서 산산이 부서졌고, 여기저기 깨진 유리가 흩어져 있었다. 이곳은 살짝 언덕진 길에 신호등도 없었기에 차들이 속도를 내며 달리곤 했다. 지금 이 트럭도 짐을 잔뜩 실은 채 속도를 줄이지 않고 갑자기 방향을 바꾸다가 사고를 낸 것 같았다.

"도와주러… 가야 하지 않을까?"

"싫어…. 무서워."

"너는 여기서 꼼짝 말고 있으면 되잖아…."

"오빠가 그랬잖아. 길 위는 위험하니까 가지 말라고."

"걱정하지 마. 여기서 그냥 기다리고 있으면 돼. 그동안 내가 갔다 올게."

"가지 마, 가지 마…."

동생이 막무가내로 민배의 팔을 끌어당겼다. 민배는 동생의 애처로운 모습과 트럭이 넘어져 있는 곳을 번갈아 바라보았다.

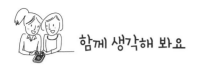

보통 다른 사람을 돕는 일을 착하고 선하다고 합니다. 그러나 평상시 동생을 돌보는 일은 늘 하는 것이다 보니 다른 일보다 가볍게 여겨지기도 하지요.

그런데 착한 일을 한다는 것은 어떤 의미일까요? 착한 일에도 순서가 있을까요? 가족과의 일과 겹쳤을 때 그 순서는 어떻게 정하는 것이 좋을까요?

여러분이 생각한 순서와 그 근거에 대해 친구들과 토론해 봅시다. 그리고 그 순서와 근거가 적용되기 곤란한 사례들을 생각해 보며 반대 의견을 내 보고, 나로부터 가족 그리고 사회로 나아 가는 도덕적 영역 확대에 대해 생각해 봅시다.

1. 가족을 보살핀다는 것은 어떤 일이라는 생각이 드나요? 그리고 가족을 넘어 다른 사람을 돕는다는 것은 어떤 느낌으로 다가오나요?

2. 가족을 돌봐야 하는 일과 다른 사람을 도와야 하는 일이 겹칠 때 어떻게 그 둘을 조화시킬 수 있을까요? 둘 다 도와야 할 때 어떤 우선 순위로 도와야 한다고 생각하나요? 왜 그렇게 생각하나요?

3. 만약 어느 한쪽에만 치우치게 된다면 어떤 문제점이 생길 수 있을까요? 그리고 이것은 어떤 도덕적 평가를 받을 수 있을까요?

4. 사고가 난 트럭을 도우려고 한 민배의 판단은 현명한 것일까요? 왜 그런가요?

5. 사고가 난 트럭을 도우면서 동시에 민배는 자기 동생을 보살필 수 있을까요?

6. 사고 난 트럭을 돕는 일과 민배 그리고 민배 동생의 안전은 어떤 관계가 있으며, 어떻게 해야 지킬 수 있을까요?

함께 읽는 어른들에게

　본 에피소드는 동생 돌봄과 타인에 대한 도움을 함께 제공하여 누군가에게 도움을 준다는 것도 지혜롭게 감당할 수 있어야 함을 다루고 있습니다.

　배경은 한적한 시골이지만 자동차가 다니는 도로는 위험한 상태이고, 추가 사고가 일어날 가능성이 있는 상황에서 주인공인 민배는 동생을 돌볼 것이 요구되는 상태입니다.

　도움이 필요한 누군가를 돕는 것은 매우 소중한 마음과 행동입니다. 하지만 때로 아이들의 순수한 마음을 이용하는 나쁜 어른들이 있기도 합니다. 또는 어려움에 빠진 이웃을 돕기 위해 아이들이 깨닫지 못하는 위험을 감수해야만 하는 상황이 생길 수도 있습니다.

　아이들이 올바른 판단을 통해 자신과 가족을 보호하면서 동시에 도움이 정말 필요한 이웃을 도울 수 있는 마음과 행동하는 용기를 갖도록 격려해 주시기 바랍니다.

나 외국인 아냐!

다문화 가정에 대한 태도

맴맴 귀 아픈 매미 소리가 한참 울려 퍼지던 어느 날, 민배는 선풍기 바람을 쐬며 돗자리 위에서 뒹굴거리고 있었다.

"민배 너! 동생 좀 돌보라고 했더니…. 동생 어디 있어!"

"응? 어디서 놀고 있겠지, 뭐."

"동생이 어리니까 네가 항상 옆에서 돌봐주라고 했잖아! 엄마 바쁘니까!"

"아, 알았어. 네네…."

그제야 자리에서 일어난 민배가 뭉그적거렸다.

엄마의 꾸중에 투덜대긴 했지만 민배의 마음 한편에서도 살짝 걱정이 떠올랐다. 괜찮을 거라 생각하긴 했지만, 그래도 혹시나 하는 생각이 점점 강하게 몰려왔다. 민배는 동생의 이름을 부르며 점차 걸음을 빨리해 찾고 있었다.

"서현아! 서현아!"

동생이 갈만한 곳을 둘러보다가 마을회관 앞에 있는 커다란 나무 밑에서 놀고 있는 모습을 발견했다. 휴, 안도의 한숨을 쉬며 민배는 그쪽으로 천천히 걸어갔다. 그리고 동생을 나무라듯 큰소리쳤다.

"야! 어디 간다고 말을 해야지!"

"놀러 가자고 했더니 알아서 하라고 했잖아."

맞는 말이었다. 하지만 왠지 민배는 자기 잘못을 인정하고 싶지 않았다.

"그래도 말하고 갔어야지? 너 혼자 가면 어떡해?"

"맨날 놀아 주지도 않으면서…."

뽀로통하게 말한 동생은 옆에 앉은 친구와 노느라 오빠에게는 눈길도 주지 않고 있었다.

그때서야 민배는 동생과 놀고 있는 아이를 바라보았다. 눈에 띄는 다른 피부색과 이목구비를 가진 아이는 고개를 숙인 채 민배의 동생 서현이와 함께 개미들을 바라보며 놀고 있었다. 서현이와 처음 보는 아이는 나뭇잎으로 개미들을 톡톡 건드리거나 나뭇가지로 개미 행렬을 막는 데 열중이었다.

"옆에 누구야?"

민배의 질문에 동생은 시큰둥하게 답했다.

"내 친구!"

"너 영어 못하는데 외국인 친구를 어떻게 사귀냐?"

"동네 친구야."

남매의 대화에 서현이와 놀고 있던 아이는 살짝 더 고개를 숙인 모습이었다.

"여기 외국인 산다는 말은 못 들었는데?"

그러자 같이 놀던 그 아이가 입을 열었다.

"나 외국인 아냐."

그러자 민배는 놀랐다는 듯이 그 아이에게 말을 걸었다.

"와, 한국말도 하네!"

그러자 그 아이는 살짝 불쾌한 듯한 말투로 답했다.

"한국 사람이니까."

"외국인이 어떻게 한국 사람이야?"

"엄마는 한국 사람이야."

"그래?"

민배는 살짝 멈칫하며 말끝을 흐렸다. 동생은 그 아이를 옹호하듯 말했다.

"이 동네 살고 있대. 엄마하고 할머니랑."

"아빠는? 얘네 아빠도 우리처럼 일하느라 같이 못 내려 온 거야?"

그러자 그 아이는 기죽은 목소리로 말했다.

"아빠 몰라. 본 적 없어."

"그래?"

민배가 이해할 수 없다는 듯 쳐다보았지만, 그 아이는 신경 쓰지 않았다. 민배가 동생에게 다시 물었다.

"너 친구 있다는 건 몰랐네."

"오빠가 안 놀아줘서 혼자 노는데, 얘도 혼자 놀고 있어서 같이 놀았어."

"야…."

둘은 개미를 가지고 놀기를 멈추고 모래 놀이를 시작했다.

동생과 친구가 노는 것을 보다 또 지루해진 민배는 슈퍼마켓에 갈 생각을 했다.

"오빠 슈퍼 가서 아이스크림 살 건데 같이 갈래?"

"혼자 가. 나 얘랑 더 놀 거야."

"알았어. 그럼 너 여기 가만히 있어!"

민배는 부리나케 슈퍼마켓으로 달려가 막대 아이스크림을 두 개 사 왔다. 두 아이는 그때까지 흙과 모래를 가지고 놀고 있었다. 나무 그늘이라도 더운 날씨라 땀을 흘리던 동생의 눈이 커지며 크게 기뻐하는 모습을 보였다. 그리고 그 모습에 민배도 내심 흐뭇함이 몰려왔다.

막대 아이스크림을 동생에게 건네자 동생은 주저 없이 아이스크림을 손에 쥐었다. 그리고 봉투를 뜯으려 하다 잠시 머뭇거리며 함께 놀던 친구를 쳐다보았다. 그 친구는 멀뚱대며 표정 없이 이를 바라보고 있었다. 그때 동생은 자기 막대 아이스크림을 다시 보더니 함께 놀던 친구에게 불쑥 건넸다.

"이거 먹어."

그러자 같이 놀던 친구의 눈이 잠시 커졌다가 얼굴에 미소를 띠었다. 민배는 동생의 행동에 살짝 놀랐다.

"그거 왜 줘?"

"친구니까! 이 동네에서 사귄 첫 친구!"

이 말을 듣자 그 친구도 입을 뗐다.

"고마워. 너도 내 첫 친구야."

동생과 친구의 눈 주위로 땀과 함께 눈물 한줄기가 흘렀다. 민배는 머쓱한 표정으로 손에 들고 있던 나머지 아이스크림을 동생 손에 쥐여주었다.

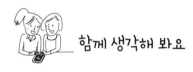

1. 민배는 동생이 같이 놀던 친구를 보고 왜 외국인 친구라고 착각하고, 영어도 잘해야 한다고 생각했나요?

2. "외국인이 어떻게 한국 사람이야?"라고 말하는 민배는 어떤 점을 착각하거나 잘못 알고 있는 것일까요? 그렇게 생각하는 이유는 무엇인가요?

3. 민배의 동생 서현이가 혼자 놀던 다른 친구와 사귀는 데 있어 특별한 조건이나 이유가 필요했나요? 왜 그렇게 생각하나요?

4. 위 대화 내용에 비추어 추측해 봅시다. 서현이가 친구라며 자기 몫의 아이스크림을 건네줄 때 상대 아이가 눈물을 흘린 이유는 무엇이라고 생각하나요? 그때 서현이의 기분과 그 아이의 기분은 어떠했을까요?

5. 서현이와 놀던 아이가 동네에서 친구가 없었던 이유는 무엇이라고 생각하나요?

6. 나는 피부색이나 생김새가 다른 친구들을 사귀어 본 적이 있나요? 그 친구들이 어려워하거나 곤란해 하는 점들이 있다면 무엇이라고 생각하나요?

7. 위의 질문들을 통해 볼 때 우리와 다르다고 느껴지는 친구를 사귈 때의 걸림돌은 무엇이고 그것을 극복하기 위해서 어떤 노력을 해야 할까요? 그 이유는 무엇일까요?

함께 읽는 어른들에게

부모님과 선생님은 본 에피소드를 통해 아이들과 함께 다문화 가정의 친구들에 대해 생각해 보는 기회를 가지기 바랍니다. 다문화 가정 자녀를 대하는 민배의 태도와 민배 동생의 태도도 함께 비교해 가며 이야기 나누어 보십시오.

아이들이 친구를 사귀는 데 있어 외적으로 보이는 다름에 신경 쓰지 않고 상대방을 한 명의 사람으로서 스스럼없이 대하는 것이 친구가 되는 좋은 방법이라는 점을 깨닫도록 돕기를 바랍니다.

본 에피소드에 등장하는 다문화 가정의 아이는 아빠가 돌아가셨거나 이혼한 상태라고 추측해 볼 수 있습니다. 아이들과 이 점에 관해서도 이야기 나누어 보기 바랍니다. 친구의 가정이 부모님 중 한 분이 돌아가셨거나 부모님이 이혼하신 상황일 때, 조심하거나 지켜야 하는 매너는 무엇인가도 아이들에게 질문하기를 바랍니다.

더불어 다양한 가정 형태에 대해서도 아이들과 이야기 나누는 계기로 활용하길 바랍니다.

가정생활 나라면 어떻게 할까?

초등인성수업2

2022년 3월 28일 1판 1쇄 펴냄

지은이 | 박형빈
펴낸이 | 김철종

펴낸곳 | (주)한언
출판등록 | 1983년 9월 30일 제1-128호
주소 | 서울시 종로구 삼일대로 453(경운동) 2층
전화번호 | 02)701-6911 팩스번호 | 02)701-4449
전자우편 | haneon@haneon.com
ISBN 978-89-5596-926-9 (03370)

만든 사람들
기획·총괄 | 손성문
편집 | 김세민
디자인 | 박주란

한언의 사명선언문

Since 3rd day of January, 1998

Our Mission — 우리는 새로운 지식을 창출, 전파하여 전 인류가 이를 공유케 함으로써 인류 문화의 발전과 행복에 이바지한다.

— 우리는 끊임없이 학습하는 조직으로서 자신과 조직의 발전을 위해 쉼 없이 노력하며, 궁극적으로는 세계적 콘텐츠 그룹을 지향한다.

— 우리는 정신적·물질적으로 최고 수준의 복지를 실현하기 위해 노력하 며, 명실공히 초일류 사원들의 집합체로서 부끄럼 없이 행동한다.

Our Vision   한언은 콘텐츠 기업의 선도적 성공 모델이 된다.

저희 한언인들은 위와 같은 사명을 항상 가슴속에 간직하고
좋은 책을 만들기 위해 최선을 다하고 있습니다.
독자 여러분의 아낌없는 충고와 격려를 부탁드립니다.
· 한언 가족 ·

HanEon's Mission statement

Our Mission — We create and broadcast new knowledge for the advancement and happiness of the whole human race.

— We do our best to improve ourselves and the organization, with the ultimate goal of striving to be the best content group in the world.

— We try to realize the highest quality of welfare system in both mental and physical ways and we behave in a manner that reflects our mission as proud members of HanEon Community.

Our Vision   HanEon will be the leading Success Model of the content group.